今西乃子 著
浜田一男 写真

取材協力
公益社団法人大阪市獣医師会
南大阪動物医療センター

子ねこリレー大作戦

小さな命のバトンをつなげ!

合同出版

みんなみんな のらねこや 捨てねこだった

はやく本当の
飼《か》い主《ぬし》さんに
出会いたい

捨てられた小さな命を
やさしい心で救う物語

みんなが
協力して
「命のリレー」が
はじまった

ミルクボランティア

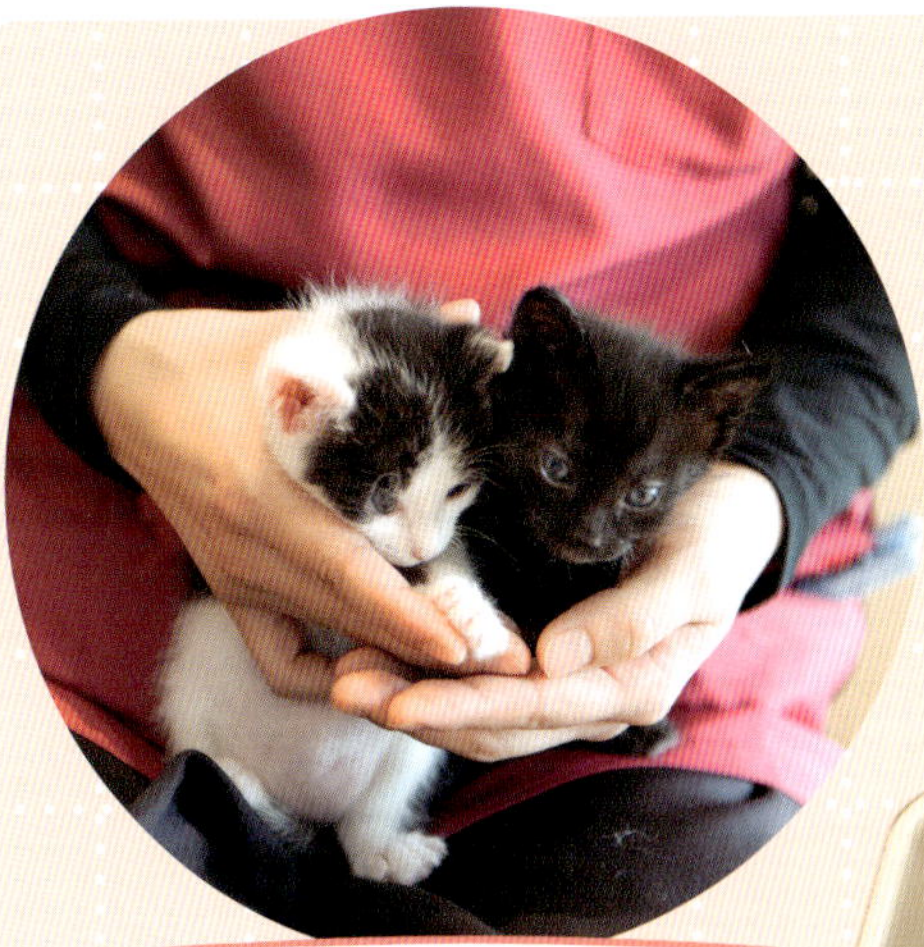

動物病院に来たら
最初に体重を
はかってもらうよ

ヒジキ＆コンブ

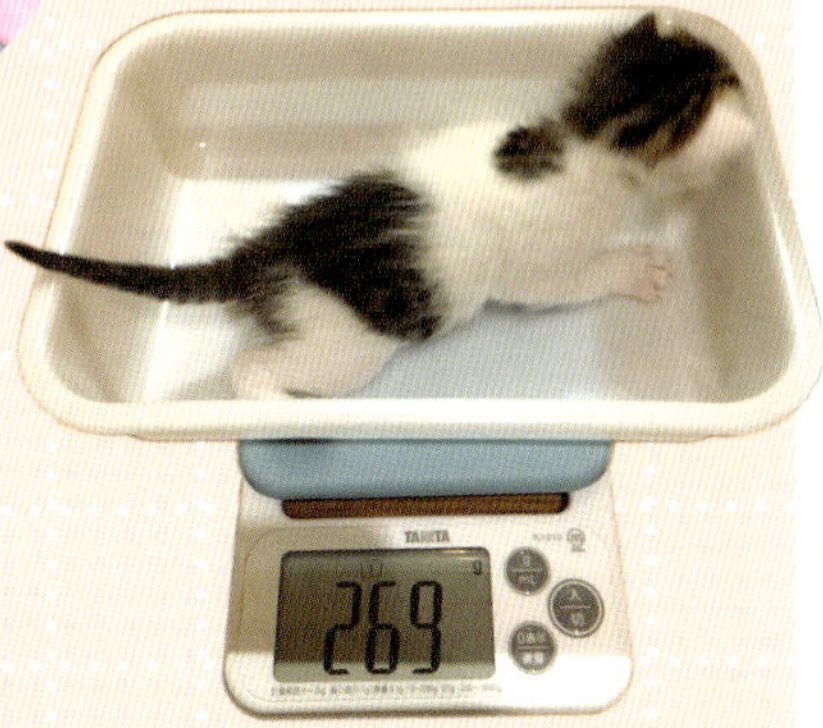

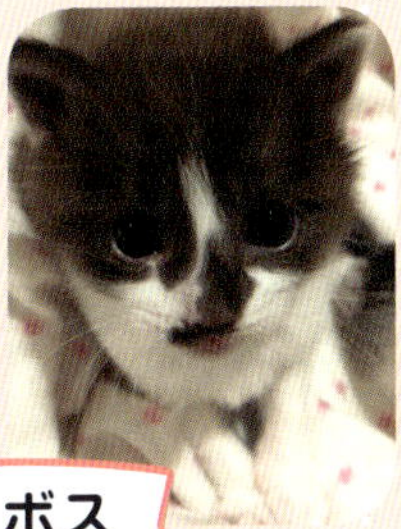

カボス

ユズ

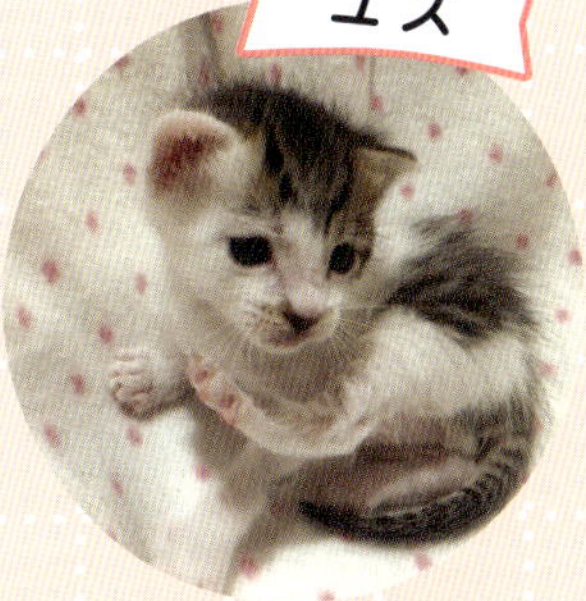

命の最初のバトンが
わたされた

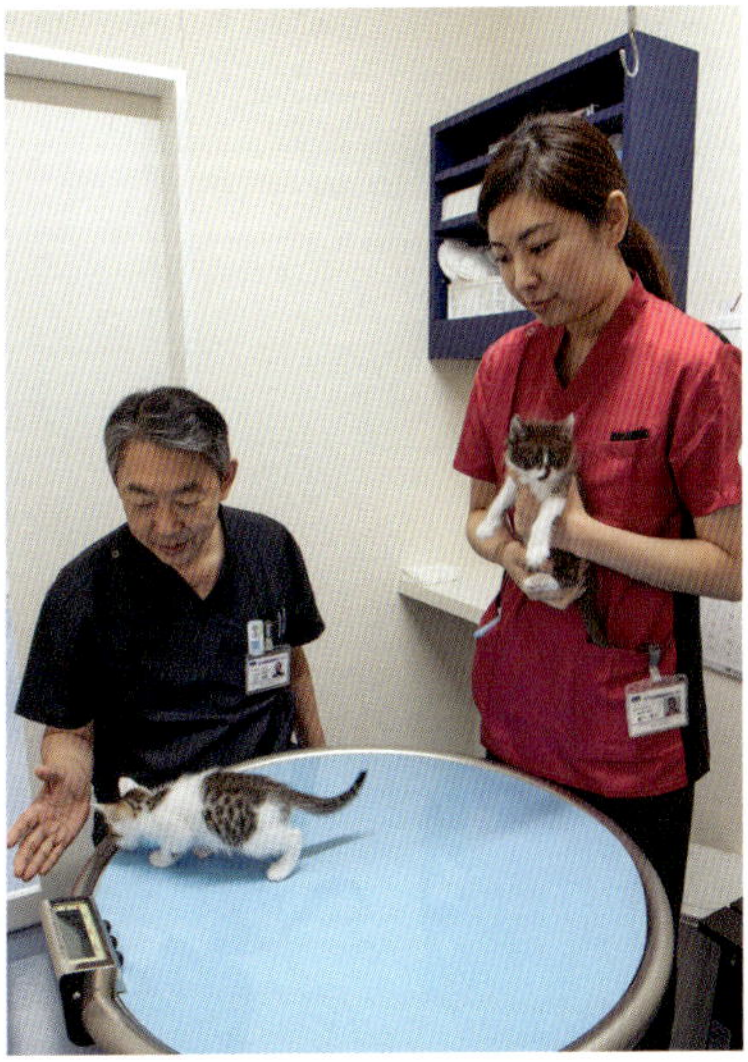

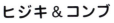

つぎのバトンをわたすためのトレーニング

動物病院の
キャットルームの
ガラスの向こうは
コンビニエンスストア。
みんな笑顔で
のぞいていくよ！

いっぱいあそんで
元気に育ってね

人となかよくくらすために
子ねこもたくさん
トレーニング

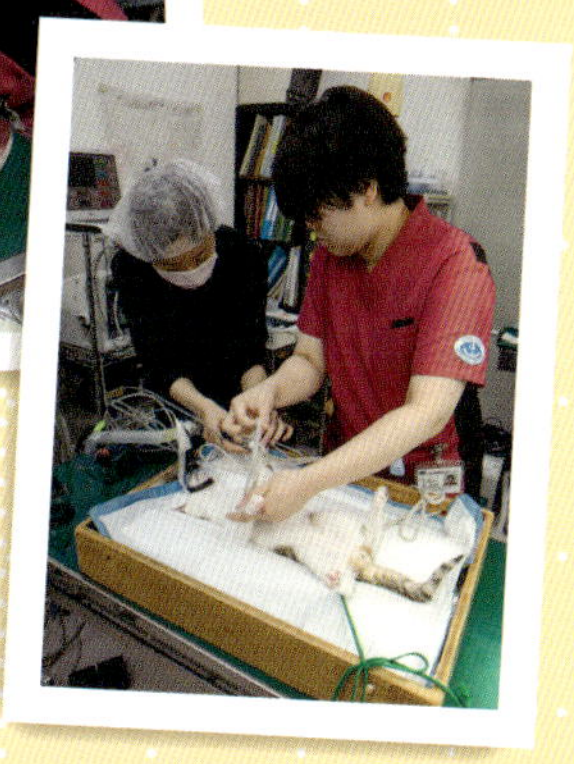

不幸な命が
これ以上ふえないために
手術《しゅじゅつ》をするんだよ

ユズの
飼《か》い主《ぬし》さん

みんながひとつの
命のために
できることをすこしずつ

ユズ、カボス、
よかったね

写真：吉田勇人

カボスの
キトンシッター
さん

ぼくたちも
子ねこリレー大作戦
でねこを飼《か》い
はじめました。

やさしい心で
命のバトンがつながった!!

子ねこリレー大作戦

小さな命のバトンをつなげ！

もくじ

赤ちゃんねこがうまれた！……4
おおさかワンニャンセンター……14
命のバトンをつなげ！……28
子ねこリレー大作戦……53
ユズとカボス……66

コンブとヒジキ……88
つながれたバトン……97
ユズとカボスの手術《しゅじゅつ》……108
命はたったひとつ……119
あとがきにかえて……132

赤ちゃんねこがうまれた！

ひばりがさえずるあたたかな季節。

ねこたちはやわらかな日差しのもとで元気に街中を歩きはじめます。

ねこたちにとって、春から秋は、こいの季節です。

のらねこたちがいっせいに、相手をさがし回って、赤ちゃんをうみはじめます。

3月もおわりに近づいたある日、1ぴきのおなかの大きなねこが、赤ちゃんをうむ場所をさがして歩き回っていました。

のらねこが赤ちゃんをうむのは、目立たない草のなかや、人に見つかりにくいえんの下などですが、この母ねこが住んでいるのは、大都会の大阪市《おおさかし》です。この街でくらすのらねこたちにとって、人間がやってこない草むらやしずかな場所をさがすのは、かんたんなことではありません。

母ねこは、赤ちゃんを安心して育てられる場所をけんめいにさがしましたが、気に入る場所が見つかりません。

ぐずぐずしていると、赤ちゃんがうまれてしまいます。

歩き回った母ねこがようやく、赤ちゃんをうむ場所に選んだのは、団地《だんち》のすみっこで、人間がやってきそうもない、物置の小屋のうらでした。

やがて、４ひきのかわいい子ねこがうまれました。

うまれたばかりの子ねこは、体もぬれていて、目も開いていません。うまれたてのねこの体重は１００グラムくらい。スマートフォンより軽くて、小さいのです。

ごにょごにょと動くすがたは、ねこなのか、ネズミなのかわからないくらい小さく、弱々しく見えます。

母ねこは、子ねこを1ぴきずつ、やさしく、ていねいになめてあげました。赤ちゃんが、かわいくて仕方がないのです。

子ねこにミルクをあたえるため、母ねこのおっぱいも、はっています。4ひきは、これから母ねこのおっぱいをたくさん飲んで、元気に成長していくでしょう。

ところが、よくみると、母ねこの体はガリガリにやせています。

人間にかわれていないのらねこたちの多くは、十分な食事をとることができません。体の毛も、かいねこにくらべると、パサパサでボサボサです。

それでも、子ねこたちが生きていくためには、母ねこがおっぱいをあげて、

育てなければならないのです。

母ねこは、４ひきの世話をいっしょうけんめいはじめました。

おっぱいをあげたり、うんちやおしっこが出るようにおしりをなめてあげたり、子育てはたいへんです。

それだけではありません。うまれたばかりの子ねこは、カラスにねらわれることもあります。ネズミほどの小さな子ねこは、カラスにいっしゅんでさらわれてしまいます。

ときには、オスねこがやってきて、子ねこを見つけて殺してしまうこともあります。

母ねこは、食事の世話だけではなく、こわいカラスやオスねこから子ねこを守るために、パトロールもしなくてはならないのです。自分のご飯もさがしに出かけなくてはなりません。

そのため、母ねこは、子ねこのそばに、ずっといることができず、ときどき子ねこを置いて、はなれた場所に出かけなくてはなりませんでした。

子ねこはうまれて10日ほどがすぎると、目が開き、耳も聞こえるようになります。これからが一番かわいいときですが、このころから、子ねこはよちよちと歩き回り、危険《きけん》な目にあうことも少なくありません。

そして、それは4ひきがうまれて、2週間ほどがすぎたころでした。

ある日、パトロールに出かけた母ねこが、子ねこのもとにもどってみると、4ひきが1ぴき残らずいなくなっていました。


にゃー！　にゃー！　にゃー！

母ねこは必死になって、自分の子どもたちをさがしました。
子ねこたちは、母ねこのおっぱいなしでは、生きていくことはできません。
母ねこがいなければ、死ぬしかないのです。

みゃー！　みゃー！

母ねこはいっしょうけんめいあたりをさがしましたが、1ぴきも見当たりません。

心配そうに、ちかくを歩き回っていると、とおくで

みゃあ……みゃあ……。

という小さな声が聞こえてきました。子ねこたちの声です。母ねこは声のする方へ、いちもくさんに走っていきました。声を追っていくと、とおくにダンボール箱をかかえた人間の後ろすがたが見えてきました。

みゃぁ……みゃぁ……みゃぁ……。

消えてしまいそうな小さな声がたしかに、その箱のなかから聞こえてくるのです。

のらねこにとって、人間は大きくてこわい生き物です。母ねこにできるのは、その場で鳴きつづけることだけでした。

にゃあああ……にゃあああ……。

人間は、それに気づかないのか、ふり向くこともせず、行ってしまいました。

人間は、母ねこがいない子ねこを見つけてかわいそうになり、助けてあげたいと思ったのでしょうか。

にゃああぁぁぁ……にゃああぁぁぁ……。

母ねこは、ダンボール箱をかかえた人間のせなかを見つめ、ずっと、ずっと、悲しそうに子ねこたちをよびつづけました。

そして、人間が見えなくなっても、その場からはなれず、いつまでも、いつまでも鳴きつづけました。

おおさかワンニャンセンター

子ねこが運ばれたのは、大阪市《おおさかし》にある「おおさかワンニャンセンター」というところでした。

ここには、春から秋の間、数えきれないほどたくさんの子ねこがやってきます。その多くがあの4ひきのようなうまれて間もない赤ちゃんねこでした。

ここに来る理由はさまざまです。たまたま子ねこを見つけて、拾って持ってくる人。

ちかくに母ねこが見当たらないので、このままでは死んでしまうと、心配し

て持ってくる人。

なかには、これ以上のらねこがふえると、めいわくだといって、うまれたばかりの子ねこをセンターに持ってくる人もいます。その人たちは、のらねこが家の周りにいるとこまることがたくさんあるというのです。

ベランダで大切に育てている花にのらねこがおしっこをかけるので、きれいな花がかれたり、ときには、愛車に飛び乗って、ピカピカの車を引っかいてきずつけてしまったり……。

それが原因《げんいん》で、のらねこをきらう人は、日本中どこにでもたくさんいるのです。

でも、うんちやおしっこをすることは、ねこたちにとって当たり前のことです。車のボンネットやタイヤも冬はあたたかいので、寒がりのねこたちにとっては、こたつがわりのようなものです。

家で大切にかわれているねこなら、あたたかいベッドも、すなの入ったきれいなトイレも飼《か》い主《ぬし》さんが用意してくれますが、のらねこたちには、あたたかい部屋も、きれいなトイレもありません。

自分たちで、トイレの場所も、あたたかな場所もさがさなくてはなりません。それが人間のめいわくとなっているのです。

のらねこに赤ちゃんがうまれ、その子ねこが大きくなるとまた赤ちゃんをうみます。

1ぴきの母ねこが1回でうむ子ねこの数は、3びき〜8ぴき。1年間で、3回ほど子どもをうみます。そのため、子ねこがそのまま育ってしまうと、のらねこはどんどんふえていきます。のらねこがふえるということは、そのちいきに住んでいる人たちに、もっとめいわくがかかってしまうということにもなるのです。

ねこの繁殖《はんしょく》

オスねこはうまれて６カ月ごろから、赤ちゃんをつくるため、メスねこをさがしはじめます。
メスねこは、うまれて６～８カ月くらいで、赤ちゃんをうめるようになり、年３回ほどお産をするといわれています。１度にうむ子ねこの数は３びき～８ぴきといわれています。たとえば……

1回の出産でオス３びき、メス３びきうみ、年３回うむとすると……

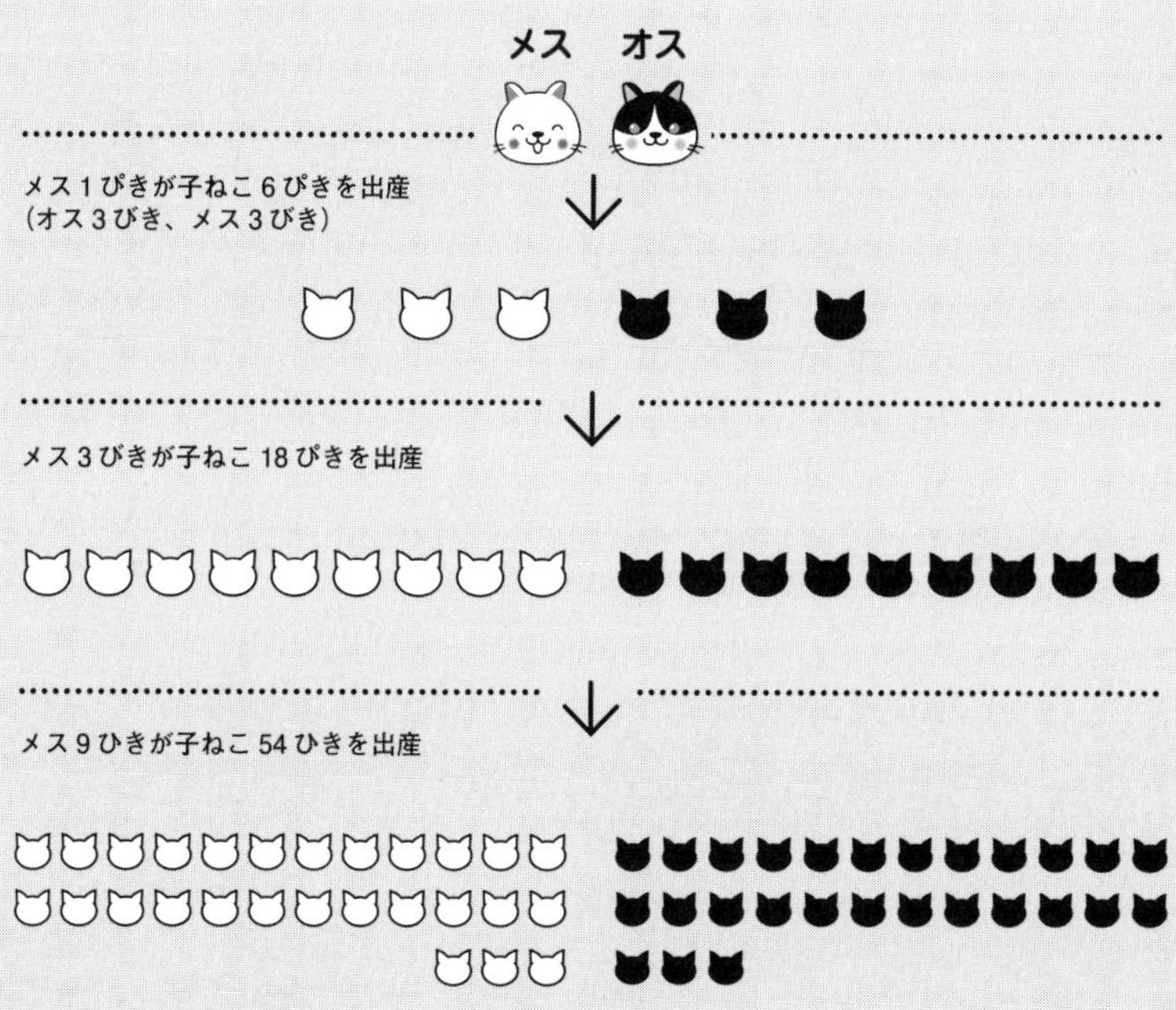

1ぴきのねこが1年間で78ぴきに！

「おおさかワンニャンセンター」は、人と動物が、なかよくくらすためにつくられたしせつです。ここで働く職員《しょくいん》さんは、みんな犬やねこが大好きで、動物と人がどちらも幸せになれるよう、毎日がんばって仕事をしています。

センターの職員《しょくいん》さんたちも、ここにきた子ねこたちを助けてあげたいと思っていますが、まだミルクしか飲めない子ねこを、人間が育てることは、かんたんではありません。

まず、1日5、6回、ほにゅうびんでミルクを少量ずつ、時間をかけてあたえなければなりません。子ねこのそばにつきっきりで世話をしなくてはならないので、仕事や家事でいそがしい人にはできません。

また、時間があったとしても、ミルクから子ねこを育てるのはたいへんです。ミルクの飲ませ方にはコツがあって、上手に飲ませないと、食べ物が通る食道ではなく、空気が通る気管にミルクが入ってしまうこともあり、とても危険《きけん》で

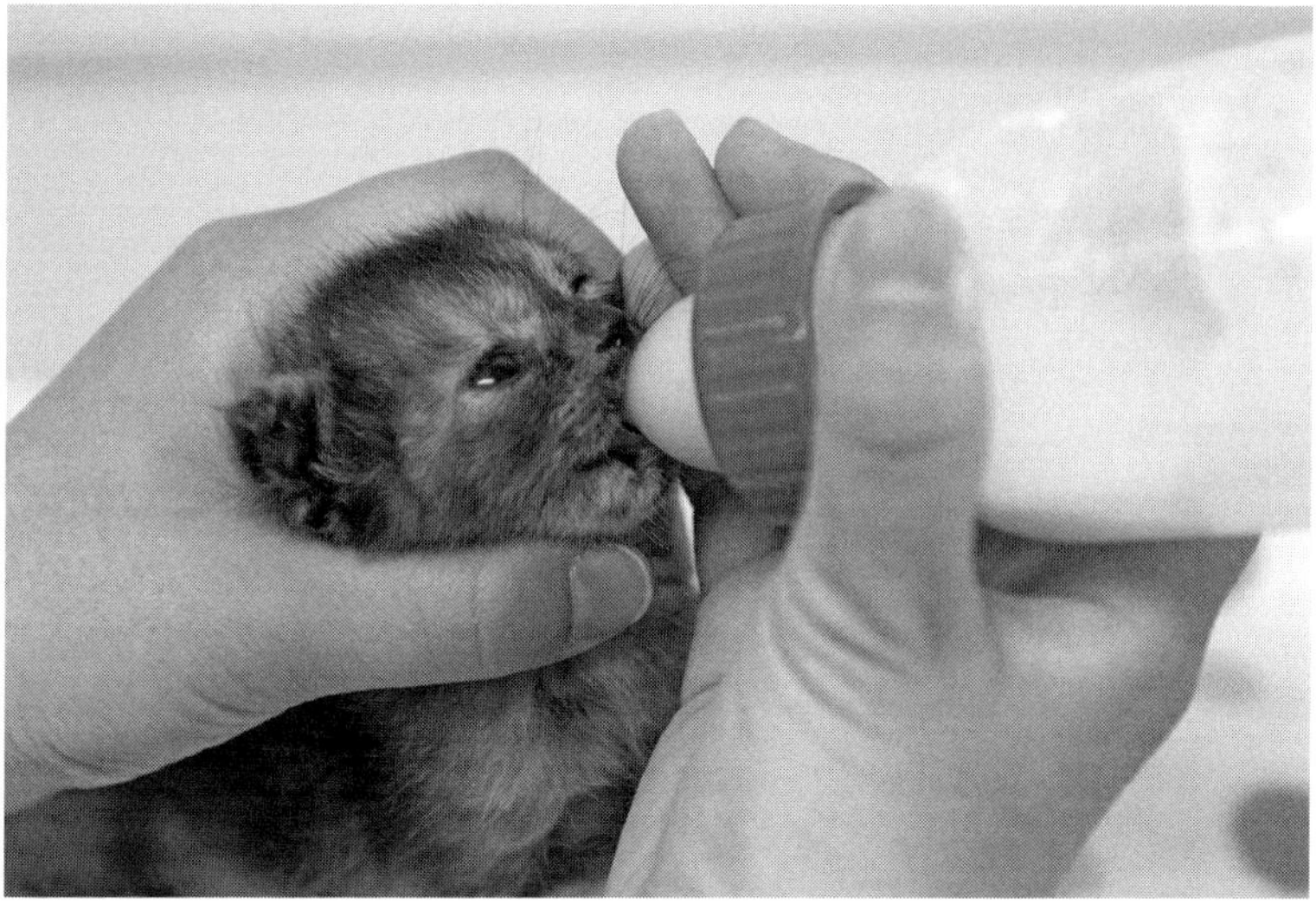

ミルクの飲ませ方も工夫が必要

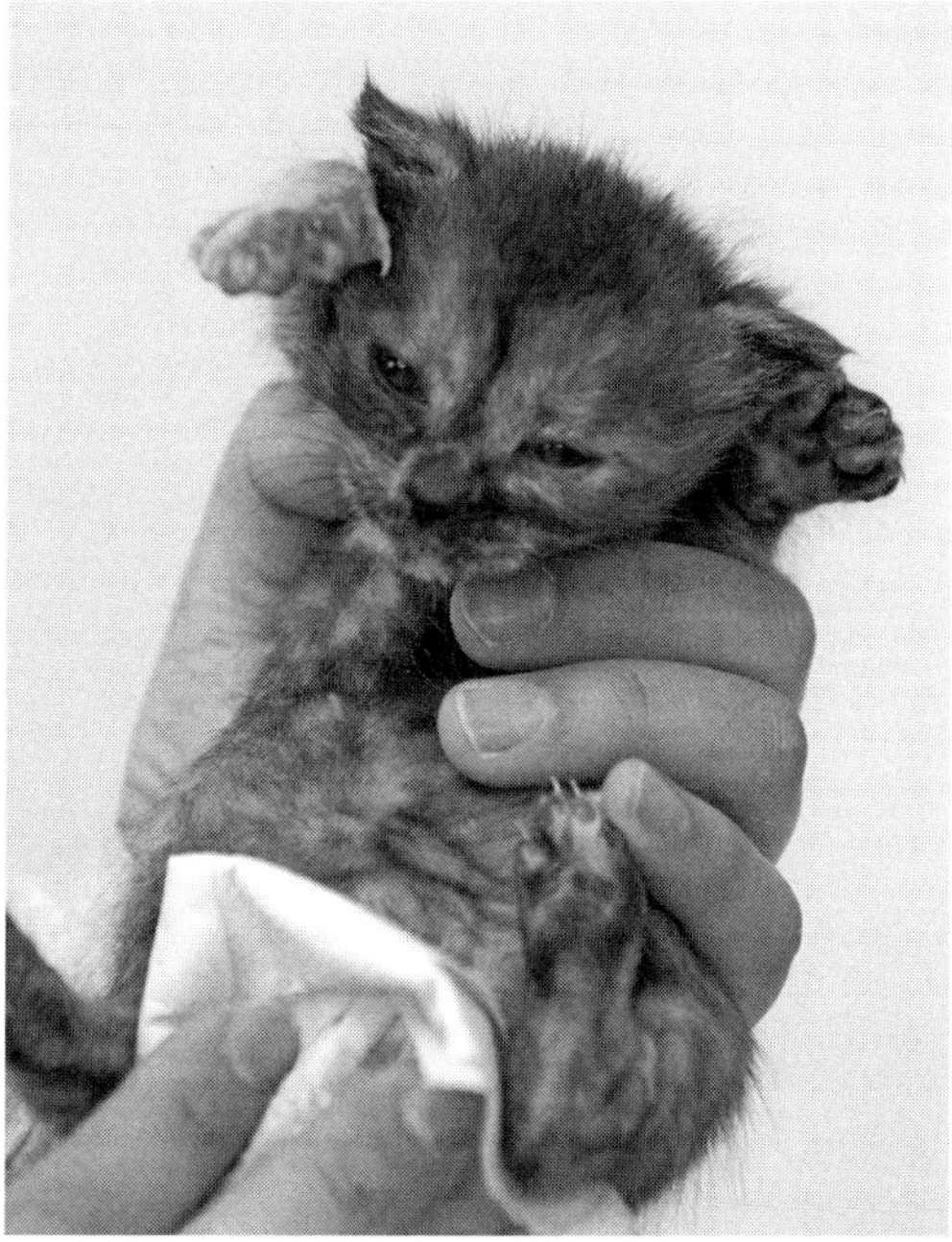

うまれた子ねこのお世話
はたいへんです

す。

　母ねこのかわりにうまれたばかりの子ねこを育てるのは、人間にはとてもむずかしいことなのです。

　一番こわいのは、病気です。子ねこは体力がなく、すぐかぜをひいたり病気になったりしてしまいます。治療《ちりょう》しなければ、あっという間に死んでしまいます。

「おおさかワンニャンセンター」には、1年間で1000びきほどの子ねこがやってきますが、職員《しょくいん》さんがどんなにがんばっても、世話が追いつかず、多くの子ねこが死んでいくのでした。

　そもそも、どうしてこれだけ多くののらねこが、日本にはいるのでしょうか。

　日本でねこがくらすようになったのは、いまから1500年も前の飛鳥時代《あすかじだい》

日本にはのらねこがたくさんいます

のことです。おしゃかさまの言葉を伝えた、大切なお経《きょう》の本をネズミにかじられないよう、外国からねこを日本に連れてきたのがはじまりといわれています。

飛鳥時代《あすかじだい》からずっとあとの明治時代《めいじじだい》になると、ペストというこわいでんせん病が流行しました。すると、こんどは各地の警察官《けいさつかん》が「ねこをかうように！」と、家でねこをかうことをすすめて回りました。

ペストきんを運んでくるのが、ドブネズミだったからです。ねこはネズミをつかまえるのがとても得意ですから、やっかいものだったネズミを、どんどん退治《たいじ》してくれました。

こうして全国で多くの家がねこをかうようになりましたが、ネズミがへってペストがおさまってしまうと、「ねこはもういらなくなった」と、捨てる家庭がふえてしまったのです。

自分たちが助けてほしいときだけ、ねこをかい、いらなくなったらポイッと捨ててしまったのです。つまり、１００年以上も前の明治時代《めいじじだい》に人間に捨てられたねこたちが、どんどん子ねこをうみ、日本中にのらねこが歩き回るようになったのでした。

人間が捨てたせいで、のらねこがふえてしまったのですから、人間にはその命を守ってあげるせきにんがあるはずです。センターの職員《しょくいん》さんも、そのことは十分にわかっていますが、手のかかる子ねこのすべての世話をすることはできません。

母ねこが赤ちゃんをうむのは、３月のおわりから10月ごろまでの約７カ月間。計算すると春から秋までに、毎日５ひきほどの子ねこが「おおさかワンニャンセンター」にやってくることになります。どうかんがえても、「助けたい」「かわいそう」というきもちだけでは、むりなのです。

それだけではありません。命は助かればそれで「めでたし！　おわり」ではなく、そこからが子ねこの一生の「はじまり」です。

ねこが、ちのみごの時期には、1日に何度もミルクをあげたり、うんちやおしっこをさせるため、おしりをふいてあげたりしなくてはなりません。

すこし大きくなったら、いっしょにあそんであげたり、ねこに必要な道具も買いそろえたりしなくてはなりません。年をとればかいごも必要です。このなかのどれかひとつが足りなくても、子ねこは幸せになれません。

自分でご飯も食べることができない、ちのみごの場合は、なおさらのこと、だれにでも「助けて！」とかんたんにお願いするわけにはいかないのです。

ねこのじゅみょうは、15年〜20年です。野生の動物とちがって、人間がその一生を世話しつづけることが「命を助ける」ということなのです。

職員《しょくいん》さんたちは、もっとも世話のかかるちのみごを助けるためには、どうすればいいか、ずっとかんがえていました。

そんなある日のこと――。

「センターにやってくる子ねこを協力していっしょに助けよう」という話がセンターの職員《しょくいん》さんに持ちかけられました。

この話を提案《ていあん》したのは大阪市《おおさかし》にある動物病院の獣医《じゅうい》さんたちでした。

「センターに入ってきたちのみごを、それぞれ自分たちの動物病院であずかって、子ねこが自分でご飯が食べられるようになるまで、世話をしますよ」

獣医《じゅうい》さんたちも、大いそがしの毎日ですが、子ねこの命を救うために、できるだけ協力したいとずっと思っていたのです。

犬やねこの病気を診察《しんさつ》して、治療《ちりょう》する獣医《じゅうい》さんの手助けがあれば、百人力。獣医《じゅうい》さんなら、子ねこを危険《きけん》な病気やけがから守ってくれるにちがいありません。

「獣医《じゅうい》さんたちが協力してくれるのなら、きっとうまくいく！」

センターの職員《しょくいん》さんも大さんせいでした。

こうして、センターにやってきたあの4ひきの子ねこたちも、大阪市《おおさかし》内のふたつの動物病院にそれぞれたくされることになったのです。

おおさかワンニャンセンターって どんなところ?

正式には「大阪市《おおさかし》動物管理《かんり》センター」といいます。

ここでは、動物と人とがなかよくくらすことができるよう、飼《か》い主《ぬし》の相談に乗ったり、犬やねこのあたらしい飼《か》い主《ぬし》をさがす仕事をしています。

一方で、飼《か》い主《ぬし》のいない、犬やねこを引き取り、殺処分《さつしょぶん》する仕事もしています。

ここに来る子ねこたちは、のらねこがうんだ子ねこや飼《か》い主《ぬし》から捨てられた子ねこたちです。

命のバトンをつなげ！

4ひきのうち2ひきがあずけられたのは、大阪《おおさか》市《し》平野《ひらの》区《く》にある吉内《よしうち》龍策《りゅうさく》先生の動物病院です。

「お～……きたな……。うまれて2週間くらいの赤ちゃんや。こっちの子は……、なんやカワウソみたいな毛の色してるなあ……」

せなか全体からおでこまでが、うすい茶色の毛色をしているすがたはカワウソそっくりです。龍策《りゅうさく》先生は、カワウソの子ねこに「カボス」と名づけました。

もう1ぴきは、白い毛ですが、おでこだけがこげ茶色の毛をしています。

うまれて２週間のカボス（左）とユズ（右）

この子は「ユズ」と名づけられました。

ねこが大好きな龍策《りゅうさく》先生は、にこにこしながら2ひきをいっしょにだき上げました。

子ねこの命の最初のバトンが、龍策《りゅうさく》先生の手にわたされたのです。

でも、ユズもカボスも龍策《りゅうさく》先生の病院でずっとかわれるわけではありません。2ひきが病院でくらすのはわずか2カ月~3カ月ほど。

この春も「命のリレー」がはじまりました。

この「命のリレー」を最初にかんがえたのは、龍策《りゅうさく》先生とおなじ大阪市《おおさかし》に住む、獣医《じゅうい》の細井戸大成《ほそいどたいせい》先生でした。

大成《たいせい》先生は、龍策《りゅうさく》先生とは大学の同級生でとてもなかよしです。

大成《たいせい》先生が、「命のリレー」を思いついたのは、東日本大震災《ひがしにほんだいしんさい》が起きたつぎの年、2012年のことでした。

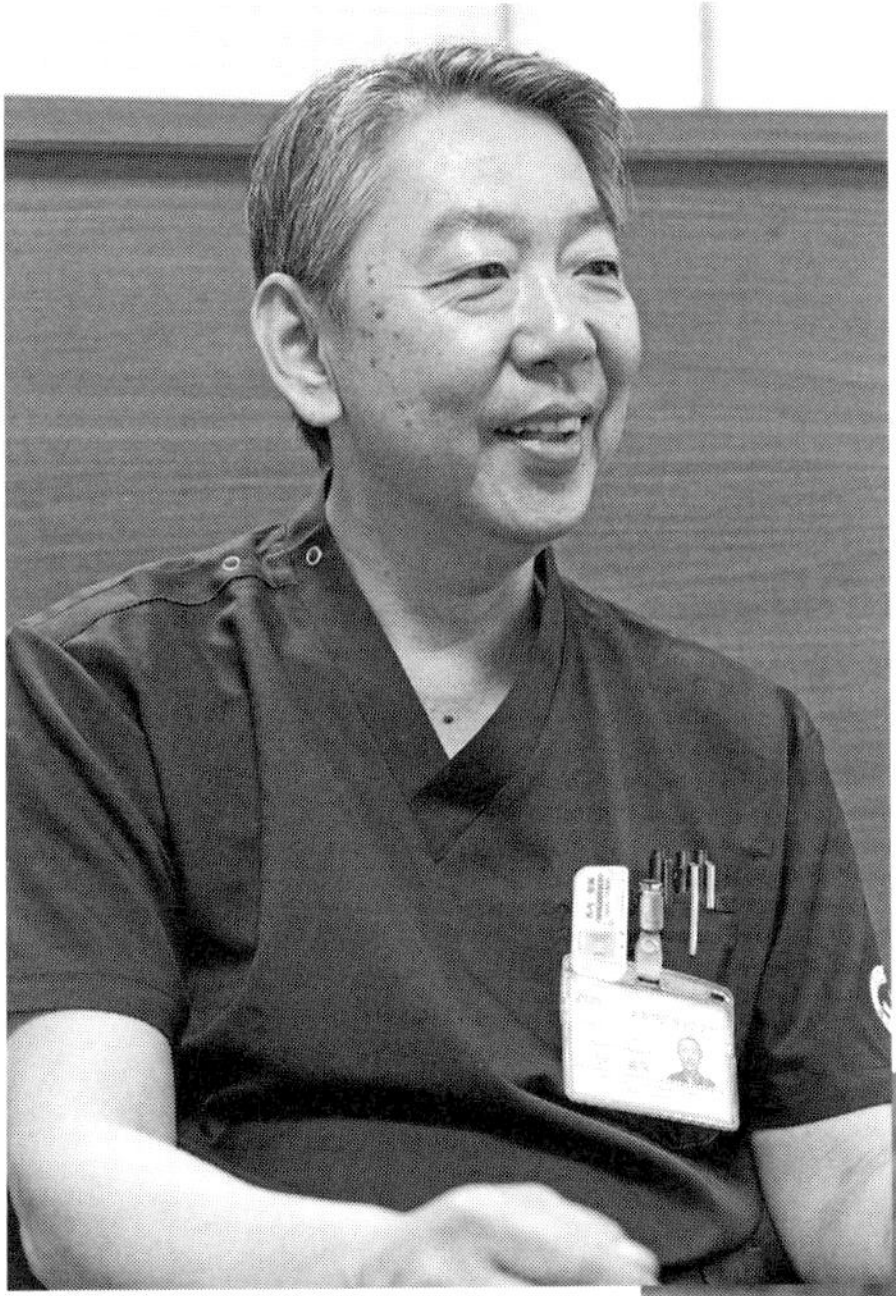

南大阪《みなみおおさか》動物医療《いりょう》センターの院長をつとめる吉内龍策《よしうちりゅうさく》先生

龍策《りゅうさく》先生とおなじ大阪市《おおさかし》で動物病院をいとなむ細井戸大成《ほそいどたいせい》先生

大地震《おおじしん》のあと、大成《たいせい》先生は、地震《じしん》で飼《か》い主《ぬし》さんをなくしてしまった犬やねこたちのことが心配で、月に2、3度、大阪《おおさか》から飛行機で東北《とうほく》の各被災地《ひさいち》の「動物愛護《あいご》センター」に通っていました。地震《じしん》で被害《ひがい》を受けた動物たちの様子をみにいくためです。

日本には、「動物愛護《あいご》センター」や「動物管理《かんり》センター」とよばれるしせつが全国にあり、「おおさかワンニャンセンター」とおなじような仕事をしています。

これらのセンターでは、災害時《さいがいじ》には「動物救護《きゅうご》センター」としてのやくわりもになうため、被災《ひさい》した動物たちの多くが集まります。獣医《じゅうい》さんの助けも必要になるため、大成《たいせい》先生も大地震《おおじしん》が起きた直後から東北《とうほく》にあるセンターに通って、動物を救うために、なにが必要で、なにができるのかを調べていたのです。

東北《とうほく》の各センターには地震《じしん》やそのつなみで、飼《か》い主《ぬし》さんを失ってしまった犬

宮城県《みやぎけん》石巻市《いしのまきし》。つなみで被災《ひさい》した学校の様子

大阪《おおさか》から被災地《ひさいち》の仙台《せんだい》まで
直線きょりで片道600キロメートル以上はなれていて
飛行機でも1時間20分ほどかかります

やねこたちが、たくさん収容《しゅうよう》されていました。とくに多かったのは、子ねこでした。

そのなかで、大成《たいせい》先生の心に深く残ったのが、宮城県仙台市《みやぎけんせんだいし》にある「アニパル仙台《せんだい》（仙台市《せんだいし》動物管理《かんり》センター）」で出会ったボランティアさんたちのすがたでした。

大きな地震《じしん》のあとで、家や家族や仕事を失い、自分のことだけでもせいいっぱい。人間でさえ、とてもたいへんなときなのに、小さな子ねこの命を救うために、いっしょうけんめいがんばっている人たちがいたのです。

大成《たいせい》先生はいてもたってもいられませんでした。

なんとか力になれないものかな……。そう思った大成《たいせい》先生は一大決心！

このセンターにやってきた子ねこを飛行機で大阪《おおさか》に連れて帰り、あたらしい飼《か》い主《ぬし》さんを見つけようとかんがえたのです。

クレートに入った子ねこ。しんさい直後、アニパル仙台《せんだい》にもっとも多くやってきたのは子ねこでした

毎月のように、大成《たいせい》先生は子ねこを飛行機に乗せて大阪《おおさか》に連れて帰りました。

それは、かんたんなことではありません。

まだ小さい子ねこを入れたクレート（ペットを入れるじょうぶなケース）は、飛行機からおりるといつも、うんちとおしっこだらけ。子ねこたちも、うんちやおしっこまみれで、全身ぐちょぐちょです。

空港のロビーでは、みんなが鼻をつまんで、大成《たいせい》先生を横目でみて通りすぎていきます。それでも大成《たいせい》先生はおかまいなし。

クレートのなかの子ねこたちをみると、ほっとして笑顔になるのでした。

「みんな無事、元気で大阪《おおさか》まで来てくれたんやなあ……ありがとう！　これから、ええ飼《か》い主《ぬし》さん見つけたるからな！　もうちょっとのがまんやで」

みゃあ……みゃあ……。

子ねこたちが先生に顔を近づけて「ここからはやく出してよー」と、鳴いています。

大成《たいせい》先生は、子ねこの無事をたしかめると、うんちのにおいをプンプンさせながら、空港の人ごみを通りぬけ、車に子ねこたちを乗せて、子ねこのめんどうをみてくれる仲間のところに向かいます。

こうして、つぎの月も、そのまたつぎの月も、大成《たいせい》先生は、アニパル仙台《せんだい》から飛行機で大阪《おおさか》に子ねこを連れて帰ってきたのでした。

その数は、３カ月で20ぴきをこえました。そして、大阪《おおさか》に連れて帰った子ねこたちは、みんな大成《たいせい》先生や仲間のおかげで、あたらしい飼《か》い主《ぬし》さんに出会い、旅立っていったのです。

しかし、よろこんでばかりもいられません。アニパル仙台《せんだい》には、子ねこが、どんどん届けられます。

大成《たいせい》先生はそれからも、月に2、3回のペースで仙台市《せんだいし》に通いつづけました。

でも……。

アニパル仙台《せんだい》のボランティアさんたちが、どんなにがんばっても、ここに運ばれてきたほとんどの子ねこは助かりませんでした。とくにミルクが必要なちのみごは、多くが死んでしまうのです。

子ねこは、成長した犬やねこのように体がじょうぶではなく、たくさんの犬やねこがいる場所では、病気がうつってしまうという危険《きけん》がありました。

それでもあきらめないで、子ねこを救おうとする人たちのすがたは、大成《たいせい》先生の心のなかに大切な「1まいの絵」となって、くっきりと残ったのです。

大成《たいせい》先生が、東北《とうほく》に通いはじめて1年がすぎたある日のこと――。

いつものようにアニパル仙台《せんだい》をおとずれると、車いすに乗った女性《じょせい》が大成先《たいせい》生の目にとまりました。小さなバッグをひざにのせ、自分で車いすをそうさしながら、ゆっくりと玄関《げんかん》から入ってきます。

そのすがたをみた職員《しょくいん》さんが、女性《じょせい》に笑顔であいさつしました。どうやら顔見知りのようです。

「いつもお世話になります。この子ねこちゃん、自分でキャットフードも食べられるようになりましたので、お返ししますね」

そういいながら、車いすの女性《じょせい》は笑顔であいさつを返しました。

「ありがとうございます！」

職員《しょくいん》さんがお礼をいって、ていねいに頭を何度も下げました。

女性《じょせい》のひざのバッグのなかには子ねこが入っているようです。

「子ねこをかいたいからほしい」と、動物管理《かんり》センターから子ねこをもらって帰る人は、たくさんいます。でも、連れて帰った子ねこを、またセンターに返しにくるとは、いったいどういうことなのでしょう。

女性《じょせい》と職員《しょくいん》さんのやりとりをちかくでみていた大成《たいせい》先生は、ふしぎに思い、車いすの女性《じょせい》に声をかけました。

「……あの……、あずかった子ねこをまた、ここに返すのですか？」

「ええ！　そうです。わたしの役目は、ここまでです。ここからはほかの方にお願いするので、子ねこをもどしにきたのです」

「もどす？　子ねこの飼《か》い主《ぬし》さんが、決まったのですか？」

「いいえ、まだです。でも、ここからは、ほかのお手伝いの方が、このバトンをつないでくれます」

女性《じょせい》はそういうと、自分のひざにのせていたバッグをヒョイと持ち上げて、職員《しょくいん》さんにわたしました。

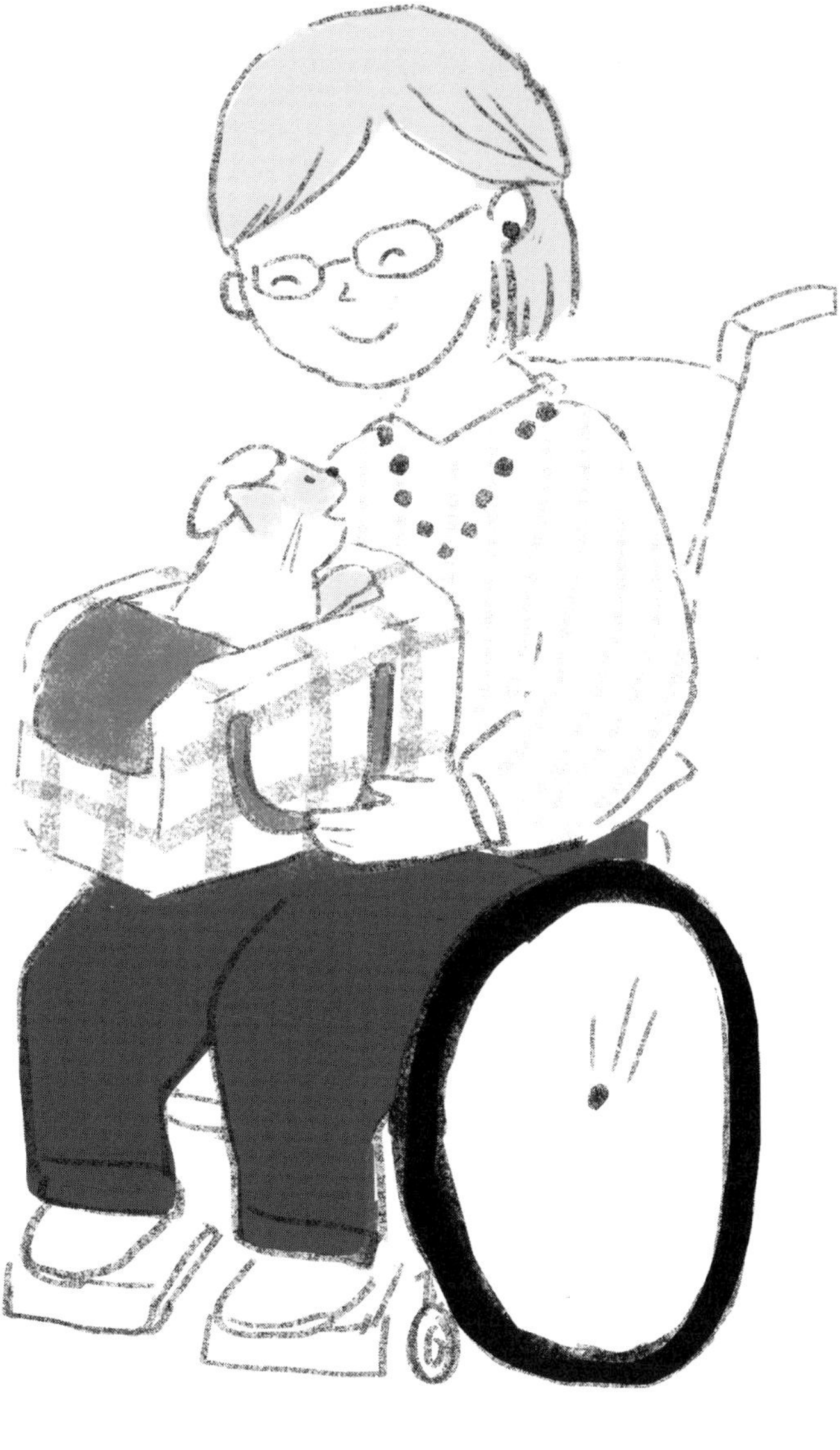

バッグのなかの子ねこは、自分でご飯が食べられるくらいに育ち、元気いっぱいに見えます。

職員《しょくいん》さんに子ねこを無事届けて安心したのか、女性《じょせい》は、ふうっと大きなため息をついて、車いすを回転させ、おだやかな笑顔で大成《たいせい》先生にいいました。

「わたしはこのとおり障《しょう》がい者で、車いす生活です。歩くことができないので、大地震《おおじしん》のあとかたづけや、ほかのお手伝いはできません。でも……、ここで必死に生きようとがんばっている子ねこに、ミルクをあげることならできる。そう思って〝ミルクボランティア〟をはじめたんです。ふだんはほとんど家にいるので、ちのみごの世話にはぴったりでしょう！」

「ミルクボランティア」とは、ちのみごのねこばかりをあずかって世話をするボランティアのことです。

すこしむねをはってほこらしげに話す女性《じょせい》は、なんだかとてもステキに見えました。

「体の不自由な車いすの女性《じょせい》とミルクボランティア……？」

大成《たいせい》先生は「そうなのか！」と大きくうなずきました。

ミルクが必要なちのみごの世話をするには時間がとてもかかりますが、まだ小さいので、女性《じょせい》が手に負えないほど、すばしっこく走ったり動き回ったりはしません。そのため、足が不自由で車いすに乗った女性《じょせい》でも、子ねこをひざの上にだいて、ほにゅうびんでミルクをあたえることができるのです。

大成《たいせい》先生がみたところ、バックのなかの子ねこはうまれて2カ月くらいのようです。

これからは、ドタバタ、ピョンピョン、走ったり、はねたり、高いところに上ったり、すばしっこいねこらしい動きをするようになるでしょう。

「もうミルクも必要ないし、元気で走り回れるようになったら、子ねこの世話は、ほかの人にバトンタッチ！　やんちゃな子ねこのめんどうは、車いすのわたしにはできません。これからはねこちゃんとたくさんあそんでくれるボランティアさんのところに行くんです。この小さなねこちゃんのために、わたしができることは、ミルクボランティアだけ。でも、反対にかんがえれば、お仕事でいそがしい人には、ミルクボランティアはできないでしょう？　だから、みんなが、できることをすこしずつ協力して子ねこを助けるんです」

女性《じょせい》は、子ねこの様子をうかがいながら大成《たいせい》先生に話しました。

すると、子ねこを受け取ったアニパル仙台《せんだい》の職員《しょくいん》さんも、女性《じょせい》と大成《たいせい》先生の話に加わりました。

「センターにきたねこを、飼《か》い主《ぬし》さんが見つかるまで、あずかってくれるボランティアさんは、けっこういます。でもちのみごを世話できるボランティアさんは、時間がたくさんある人でないとむり……。みなさんお仕事もあるし、大地震《おおじしん》のあとでたいへんな時期ですし……ねる間もないほどいそがしいですからね」

子ねこは安心しているのか、バッグのなかでうとうととねむりはじめました。

「できることはみんなちがいます。自分にできることをすこしずつ。そう、すこしずつでいいんです。協力して命のバトンをつなげていくこと。これから、飼《か》い主《ぬし》さんになってくれる人が見つかるまで、別のボランティアさんにお世話してもらいます。ね？　にゃんこちゃん」

女性《じょせい》はいとしそうな目で、ふたたび子ねこの方に顔を向けました。

職員《しょくいん》さんと女性《じょせい》の話を聞きながら、

「命のリレーだ！」

と、大成《たいせい》先生は思いました。

ねこをかいたいと思う人でも、ミルクの時期から子ねこを育てられる人は、まずいません。また、ミルクの時期がおわった子ねこでも、すぐにあたらしい飼《か》い主《ぬし》さんが見つかるとはかぎりません。

でも、命は待ったなし！　人間にかわれている犬やねこは、その日、その日の食事や水など、世話をしてくれる人がいないと生きていけないのです。

大成《たいせい》先生も、死んでいく多くのちのみごを、自分の手で救いたいと思っていましたが、うまれたばかりのちのみごを飛行機に乗せることはできません。

かりに飛行機ではなく、車で連れて帰ることができたとしても、3、4時間ごとにミルクを飲ませなければならないちのみごの世話は、いそがしい自分や仲間にはできません。

でも、すこし大きくなった子ねこなら、これまでのように飛行機に乗せて連れて帰り、仲間といっしょにめんどうをみながら、飼《か》い主《ぬし》さんを見つけることができるのです。

「やりたい」ことと「できる」ことはちがいます。

「なにができるか」も人それぞれです。

そのなかで、自分に「できること」を「やる」のが、ゆめを実現《じつげん》する一番の近道なのです。

自分のできることが、命をつなぐ長いヒモの一部分だとしても、みんながすこしずつ順番に、上手にヒモをつないでいけば、命はつながっていきます。

なるほどなあ……と、大成《たいせい》先生は、ここで聞いた「命のリレー」を頭のなかで思いえがきました。

かんがえているうちに大成《たいせい》先生の頭のなかに、自分がくらしている大阪市《おおさかし》のことが思いうかびました。

大成《たいせい》先生のくらす街でも、毎年、春から秋には多くのちのみごが「おおさかワンニャンセンター」に届けられるからです。

スタート

命のリレー

最初のバトン

バトンタッチ！

ミルクボランティアさん

ちのみごのねこにミルクをあげて、ミルクがおわるまであずかってお世話をします。
子ねこが自分でご飯を食べられるようになったらセンターにもどします。
センターに子ねこを返したら、つぎのちのみごのねこをあずかります。

仙台市《せんだいし》動物管理《かんり》センター（アニパル仙台《せんだい》）

動物管理《かんり》センター

飼《か》い主《ぬし》さんのいない、犬やねこ、うまれたばかりのちのみごのねこが、つぎつぎと運ばれてきます。

職員《しょくいん》さんは、仕事がとてもいそがしく、ちのみごのねこのめんどうがみられないので、「ミルクボランティア」さんにちのみごのねこのお世話をお願いします。

ゴール

つぎのバトン

バトンタッチ！

子ねこのお世話
ボランティアさん

ミルクがおわった子ねこを飼《か》い主《ぬし》さんが見つかるまであずかってお世話してもらいます。
あたらしい飼《か》い主《ぬし》さんが見つかったら、つぎの子ねこをあずかります。

最後のバトン

バトンタッチ！

あたらしい飼《か》い主《ぬし》さん

ねこを家族にしたいという人。その後、15 年～ 20 年、ずっと、ずっと家族の一員としてかわいがっていっしょにくらします。

〝みんなが、ひとつの小さな命のために、できることを、すこしずつ――〟

車いすの女性《じょせい》の言葉を大成《たいせい》先生は何度も心のなかでくり返しました。

みんなが協力して守った命がきらきらにかがやけば、その命のかがやきは、みんなの笑顔にもつながるはずです。

〝獣医《じゅうい》だから、動物のためになにかできる、なにかやろうとずっと思ってたけど……、自分たち獣医《じゅうい》ができることなんて、ほんまにちょっとだけや。本当に、小さな命を救ってるのは、こういった人たちの「やさしさ」なんや……。命を心から大事に思ってくれる、やさしさのバトンで、救われてるんや……。それだけじゃない。自分が救った子ねこが幸せになったら、その子ねこのバトンをつないだ人、みんなも幸せになれるんや!〟

大地震《おおじしん》の被害《ひがい》を受けた動物たちのために、なにかをしたいと思って通いつづけた東北《とうほく》で、大成《たいせい》先生は、動物にかかわる人たちから「大きなおみやげ」をもらったようなきもちでした。

そして、その「大きなおみやげ」は、大成《たいせい》先生が、自分の住む街でやらなくてはいけない「宿題」となったのです。

大成《たいせい》先生は、車いすの女性《じょせい》が連れてきた子ねこをみていいました。

「この子ねこは、すっかりミルクの時期もおわってるし、元気やからもう飛行機に乗せられるな。じゃあ、ぼくが連れて帰って、大阪《おおさか》でいい飼《か》い主《ぬし》さんが見つかるまで、お世話しますよ」

女性《じょせい》はびっくりして、大成《たいせい》先生をみました。

「できることを、できる人がすこしずつ……です」

大成《たいせい》先生はすこし照れ笑いしながら、子ねこの入ったバッグにそっと手を乗せました。

女性《じょせい》からミルクをもらって大きくなった子ねこが、くりくりの目で大成《たいせい》先生を見つめています。

女性《じょせい》は、車いすから大成《たいせい》先生を見上げて、大きくうなずき、両手で大成《たいせい》先生の手を力いっぱいにぎりしめました。

子ねこリレー大作戦

大阪《おおさか》に帰った大成《たいせい》先生は、あずかった子ねこの世話を仲間にお願いすると、「ミルクボランティア」のおばさんのことを、さっそく吉内龍策《よしうちりゅうさく》先生に話しました。

そして、宮城県《みやぎけん》の「アニパル仙台《せんだい》」がやっているような「命を救うリレー作戦」を、自分たちの大阪市《おおさかし》でもやりたいと相談したのです。

「おおさかワンニャンセンターに入ってきたちのみごを、自分たちの仲間の動物病院で2、3カ月あずかってみたらどうかな」

動物病院なら、ちのみごのねこが病気になってもすぐに治療《ちりょう》ができます。病院で働いている人たちもみんな、ねこのことをよく知っている獣医《じゅうい》さんや動物かんごしさんなので、子ねこにミルクを飲ませることや、お世話の心配もありません。

センターでは病気で多くの子ねこが死んでいきますが、ここなら子ねこの健康もちゃんとみることができます。

「ミルクボランティア」の役目をするのは、動物病院がもっともふさわしいと大成《たいせい》先生は思ったのです。

「それと……、ミルクボランティアだけじゃなくて、大事なんは、ミルクボランティア、プラスねこのしつけやねん。人がかいやすいねこになるようしつけするって大切やん。すっごく人なつっこくて、かいやすいねこなら、飼《か》い主《ぬし》さんもすぐ見つかるし、ねことのくらしもすっごく楽しいと思える！」

龍策《りゅうさく》先生は、うんうんと何度もうなずきながらいいました。

「ぼくは、さんせいやけど、2、3カ月病院で世話やトレーニングしたあと、飼《か》い主《ぬし》さんが見つかるまでは、だれがめんどうみるん？……」

そういいかけて、龍策《りゅうさく》先生は、「あ！　そうや」と声を上げました。

「おとしよりにあずかってもらうんはどうやろう？　動物病院でめんどうみた子ねこのバトンをつぎにわたすんは、おとしよりでねこが好きな人にしたらあかんかな？」

龍策《りゅうさく》先生がそういったのには、わけがありました。

「じつは、ぼくの病院でね、おとしよりの飼《か》い主《ぬし》さんの多くが、いま、いっしょにくらしてる犬やねこが死んだらもう二度とペットかわへんって、いうねん」

それは、日ごろ龍策《りゅうさく》先生の病院にやってくる、おとしよりの飼《か》い主《ぬし》さんたちの共通したきもちでした。そのときのおとしよりの顔はみなとてもさびしそうで、みていられないと龍策《りゅうさく》先生はいいます。

飼《か》い主《ぬし》さんがおとしよりで、犬やねこより先に死んでしまったら、犬もねこも生きていけません。そのことを心配して、おとしよりは、犬やねこが大好きなのに「もうかえない」「もうかわない」と決めているのです。

「本当に犬やねこを大切にして、孫のように心からかわいがっている飼《か》い主《ぬし》さんほど、そういうもんやから、聞いてる方もなんていったらいいか……本当につらいねん……」

龍策《りゅうさく》先生のきもちは大成《たいせい》先生にも、よくわかりました。

動物病院の獣医《じゅうい》さんはみなおなじ思いをしていたからです。

「いくら、おとしよりの飼《か》い主《ぬし》さんが、ええ人で、ねこが好きでも、ぜひまたかってください！　とは、無せきにんすぎていえんもんなあ……」

大成《たいせい》先生も、深いため息をもらしながらつぶやきました。

おじいさんやおばあさんが、この先、病気で入院したり、かいごしせつに入ったりしたら、おとしよりも悲しい思いをするし、犬やねこも不幸になるからです。

「だから、飼《か》い主《ぬし》になるんじゃなくって、かわいいさかりの子ねこをすこしの間だけあずかって、世話してもらったらええと思う。ええアイデアや！」

龍策《りゅうさく》先生はそういいながら自信満々の顔で大成《たいせい》先生に、ニッと笑いかけました。

大好きなねこといっしょにいることで、おとしよりはきっと笑顔で元気になれるはず。また飼《か》い主《ぬし》さんが見つかるまでの短い時間をあずかるだけなので、「自分がめんどうをみられなくなったらどうしよう？」という心配もしなくていいのです。

「うん！　それええな！　動物病院のつぎは、おとしよりのボランティアさんにあずかってもらおう！」

大成《たいせい》先生も龍策《りゅうさく》先生の意見に大さんせいしました。

かんがえがまとまると、あとは、協力してくれる獣医《じゅうい》さんをふやすことです。大成《たいせい》先生は、大阪市《おおさかし》の動物病院の獣医《じゅうい》さんが集まる「大阪市獣医師会《おおさかしじゅういしかい》」で、このボランティアについて話をしました。

ほかの獣医《じゅうい》さんたちもきもちはおなじだったのでしょう。だれひとり大成《たいせい》先生の意見に反対する人はいませんでした。

「おおさかワンニャンセンター」から、動物病院へ、そしてねこが大好きなおとしよりから、飼《か》い主《ぬし》さんへ、命のバトンをつなぐ――。

このボランティア活動は、龍策《りゅうさく》先生のアイデアで「子ねこリレー」と名づけられました。

ペットをあきらめておちこむおとしよりたち

先生、もうねこはかいたくても、かえません……。
だって、わたしは70さいです。
いま、子ねこをかったら、ねこよりわたしが先に死んでしまうかも……。

ペットをあきらめる必要はありません！

飼《か》い主《ぬし》さんが見つかるまでのすこしの間だけ、子ねこを、あずかってお世話をしてみませんか？
動物病院で２～３カ月世話して、トイレのしつけも、人なれのトレーニングもした子ねこなので、とてもいい子ばかりですよ！
なにかあれば、いつでも動物病院が相談に乗ります！

子ねこが来ることで、元気になるおとしよりたち

すこしの間、あずかるのなら、自分たちのねんれいを気にしなくていいね！
子ねこのお世話ができるなんて、まるで、孫があそびに来るみたい。
時間もたくさんあるし、すごく元気がでるわ！　いっぱいあそんであげよう！

でも、すべての動物病院が子ねこをあずかるわけではありません。ちのみごをあずかることが、どれほどたいへんで、時間が必要なのか、みなわかっています。

「子ねこリレー大作戦」にさんせいでも、子ねこをあずかることができない病院も、たくさんあるのです。

それでも大成《たいせい》先生は、いいと思っていました。

できるときに、できる人が手をあげて、命をつないで、ゴールをめざせばいいからです。

みんながめざす「ゴール」とは、センターに運ばれた子ねこが、無事救われ、やさしい飼《か》い主《ぬし》さんを見つけて幸せになる、ということです。

その最初の一番むずかしいバトンを受け取る「かくご」を決めた動物病院が、子ねこをあずかればいいのです。

みんながめざすゴールは、やさしい飼《か》い主《ぬし》さんと幸せにくらしてもらうこと

そして、つぎは「ねこをかいたくても、何年もめんどうをみる自信がない……」と、ねこをかうことをあきらめてしまったおとしよりに、そのバトンをつなぎます。

おとしよりは、飼《か》い主《ぬし》さんが見つかるまで、ねこをあずかり、毎日世話をします。

ねこの飼《か》い主《ぬし》さんはインターネットサイトや動物病院を通じてぼしゅうします。

そして、飼《か》い主《ぬし》さんが見つかれば、最後のバトンを、家族となる飼《か》い主《ぬし》さんにわたしてゴールです。

大成《たいせい》先生と龍策《りゅうさく》先生は、大阪市《おおさかし》の獣医《じゅうい》さん、「おおさかワンニャンセンター」の職員《しょくいん》さんらとたくさん話し合いをして、みんなで、子ねこの命のバトンタッチを成功させようと、決心しました。

こうして「子ねこリレー大作戦」がはじまって、龍策《りゅうさく》先生の病院をはじめとする20の動物病院が「子ねこリレー」に参加。1年で100ぴきちかくの子ねこの命がリレーによって救われ、やさしい飼《か》い主《ぬし》さんのところへ旅立っていったのでした。

そして、この春もまた、3月のおわりから、子ねこたちがつぎつぎと「おおさかワンニャンセンター」にやって来て、あらたな「子ねこリレー大作戦」がはじまったのです。

スタート　「子ねこリレー大作戦」で、命のバトンをつなごう！

おおさかワンニャンセンター

毎年3月おわりから10月ごろまで、飼《か》い主《ぬし》のいない子ねこがセンターに運びこまれます。
ちのみごのねこたちは、センターの職員《しょくいん》さんによって、子ねこをあずかってくれる大阪市《おおさかし》の動物病院へ届けられます。

大阪市《おおさかし》の動物病院

ちのみごのねこの世話ができるとりっこうほした大阪市《おおさかし》の20の動物病院。2ひき～3びきくらいずつ手分けしてあずかって、ワクチン注射《ちゅうしゃ》や健康しんだんなどお世話をします。
病院では子ねこを2～3カ月あずかり人間と楽しくくらせるようトレーニングなども行ないます。
その後子ねこはキトンシッターさんに届けられます。

ゴール

みんなが、
ひとつの命のために、
できることを、
すこしずつ！

あたらしい飼《か》い主《ぬし》さん

バトンタッチ！

「子ねこリレー」のゴールです。子ねこたちはあたらしい飼《か》い主《ぬし》さんと、これから20年ちかくたくさん、たくさん愛情《あいじょう》をもらって、家族の一員として幸せにくらします。

キトンシッターさん

バトンタッ

60さい以上の人で、ねこをかったことがある人。
かわいいさかりの子ねこのお世話をしてもらうボランティアさん。
飼《か》い主《ぬし》さんが見つかるまで、約1カ月～3カ月あずかります。
飼《か》い主《ぬし》さんが見つかって、ねこがいなくなれば、つぎの子ねこをあずかります。

ユズとカボス

「はい！　カボスは297グラム。つぎは、ユズやな」

この春、「おおさかワンニャンセンター」から最初に龍策《りゅうさく》先生の病院にやってきたユズとカボスは、うまれて2週間くらいの男の子です。

龍策《りゅうさく》先生は、毎年、病院に子ねこたちがやってくると、その日に必ず体重をはかります。

カボスを動物かんごしさんにわたした先生は、すぐにユズを受け取り体重計の上にチョンと乗せました。

体重測定《そくてい》は、ちのみごの時期にはミルクがちゃんと飲めているかどうか、毎日、食前と食後にはかってかくにんします。また、ミルクがおわっても１日１回、体重をはかって成長を毎日記録します

子ねこはだいたい100グラムくらいでうまれ、それから1日約10グラムずつ、体重がふえていきます。

「えーっと、ユズは、269グラム！　どっちもそれほど大きさ変わらへんなあ……」

龍策《りゅうさく》先生は笑顔でいうと、ユズとカボスを大切そうにだき上げました。

龍策《りゅうさく》先生は、子どものころから動物が大好きでした。

うまれ育った農家の家では、犬やねこ、牛をかっていました。

家のとなりには牛小屋があり、龍策《りゅうさく》先生は、そこで牛といっしょにねるほどの「動物少年」だったのです。

ところが龍策《りゅうさく》先生が中学生のとき、先生にとって、わすれられない悲しい出来事が起こりました。

かわいがっていた愛犬のチロが交通事故《じこ》にあって、かた足が不自由になって

うまれたときから犬やねこといっしょだった龍策《りゅうさく》先生

しまったのです。そのころ、家のちかくに動物病院はなく、チロの足をなおしてくれる獣医《じゅうい》さんがいませんでした。

龍策《りゅうさく》先生は、チロのいたいたしい後ろ足をみるのが、つらくてたまりませんでした。

「チロの足をなおせる獣医《じゅうい》さんがいたら、どんなにいいだろう」

この出来事がきっかけで、龍策《りゅうさく》先生は獣医《じゅうい》さんになろうと決心したのでした。

獣医《じゅうい》さんになるためには、獣医《じゅうい》学科のある大学で6年間、獣医《じゅうい》学を勉強し、卒業してから国家試験を受けなければなりません。その試験にごうかくしないと獣医《じゅうい》さんにはなれないのです。

龍策《りゅうさく》先生は、獣医《じゅうい》さんをめざして、いっしょうけんめい勉強しました。

そして、とうとう獣医《じゅうい》さんとなり、いまでは28名のスタッフをひきいる大きな動物病院の院長をつとめるまでになりました。

チロのようにけがや病気で苦しむ犬やねこを救いたい、という強い思いが龍策《りゅうさく》先生の獣医《じゅうい》さんとしてのうでをみがいていったのでしょう。手術《しゅじゅつ》もとても上手で、これまで数えきれないほど多くの犬やねこの治療《ちりょう》をしてきました。

歩けなかった犬やねこが、自分の手術《しゅじゅつ》で歩けるようになったり、元気になったときが、なによりうれしいのです。

「大好きな犬やねこの命を、元気にしてピカピカにかがやかせたい」

龍策《りゅうさく》先生の思いは、「おおさかワンニャンセンター」に運ばれてくる子ねこに対してもおなじでした。そのきもちだけで、龍策《りゅうさく》先生は子ねこリレー作戦に参加したのです。

でも、どんなに助けたいという強い思いがあっても、ひとりの力ではどうにもなりません。子ねこリレー作戦に参加して、子ねこの世話をするためには、病院でいっしょに働いている、動物かんごしさんや獣医《じゅうい》さんの協力が必要です。

龍策《りゅうさく》先生は、自分の病院で働いているスタッフ全員に「みんなで協力して、子ねこリレー作戦を成功させよう」とうったえました。

龍策《りゅうさく》先生は、この春きたユズとカボスの世話を、獣医《じゅうい》さんの大谷麻未《おおたにあさみ》先生と、動物かんごしさんの河野麻耶《こうのまや》さんにお願いすることにしました。

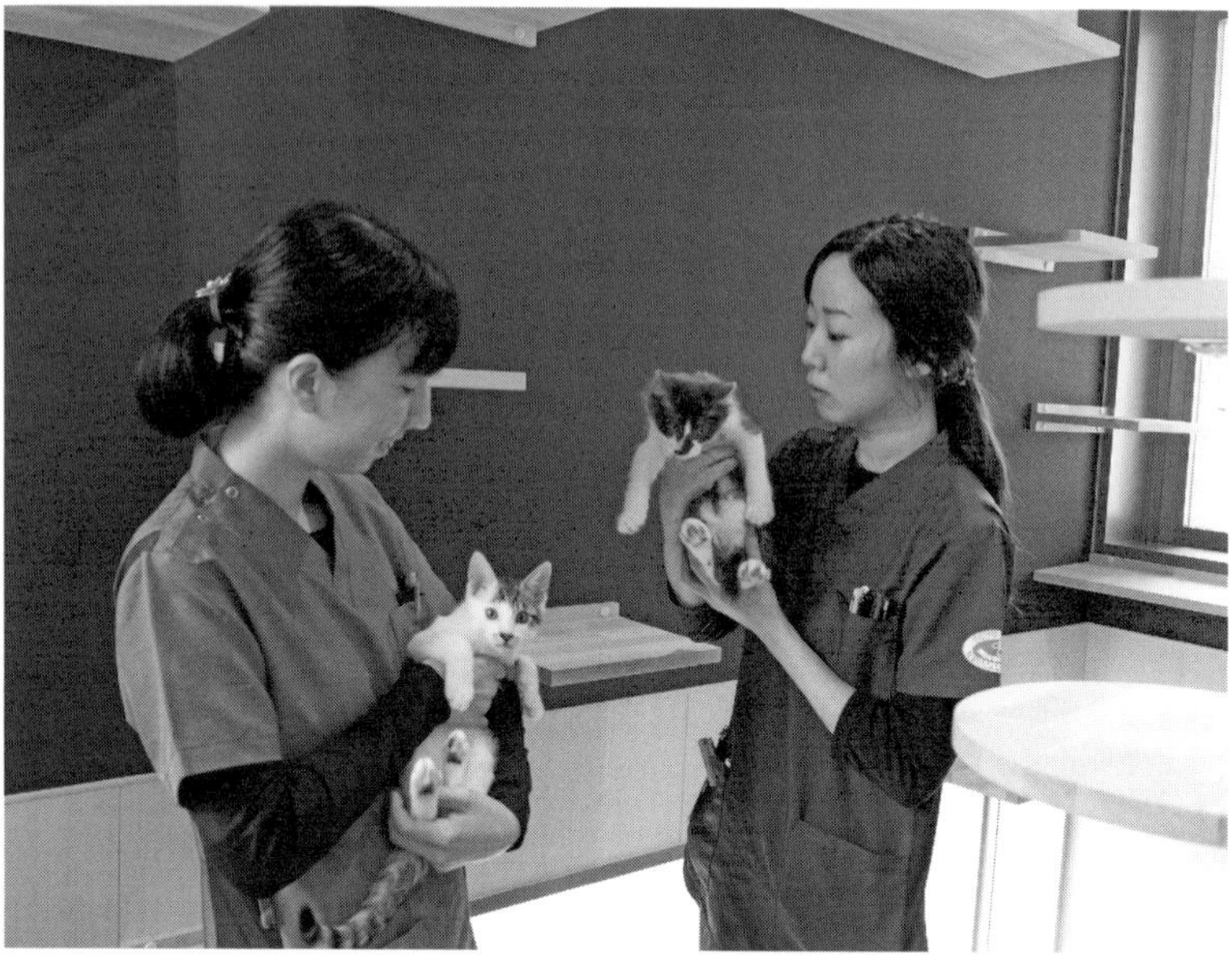

動物かんごしさんの河野麻耶《こうのまや》さん（左）と、獣医《じゅうい》さんの大谷麻未《おおたにあさみ》先生（右）

麻耶《まや》さんは、まだ20代ですが、龍策《りゅうさく》先生の病院で9年も働いているベテラン動物かんごしさんです。スタッフからの信頼《しんらい》もあつく、安心してまかせることができます。

ところが、ユズとカボスが病院にきたのは、1年のなかで、もっとも動物病院がいそがしくなる4月。きょうけん病の予防接種《よぼうせっしゅ》やフィラリア（蚊《か》から犬にうつる病気）の予防《よぼう》検査や薬をもらいに、飼《か》い主《ぬし》さんが犬を連れて病院に来るので、龍策《りゅうさく》先生はじめ、28人のスタッフは大いそがしです。

つぎからつぎへとやってくる犬やねこたちにたいおうするのがせいいっぱい。それでもユズやカボスには、1日に何度もミルクを飲ませなくてはなりません。

かんがえた末、龍策《りゅうさく》先生は、子ねこたちにミルクを飲ませなければならない時期だけ、じたくでおくさんとむすめさんに世話をしてもらうことにしました。

先生のじたくでも7ひきのねこをかい、おくさんもむすめさんも龍策《りゅうさく》先生に負けないくらいねこのことが大好き。ねこのことをすべてわかっていて、世話がとても上手だったからです。

龍策《りゅうさく》先生の家族の協力もあって、5月末、無事ミルクの時期をのりこえたユズとカボスが、元気に病院にもどってきました。自分でキャットフードが食べられるようになればもう安心。ユズもカボスも健康でしょくよくおうせいで、ご飯も残さず食べています。

このころには病院もほっとひと息ついて、ようやくユズとカボスの世話をするよゆうが出てきました。

ユズとカボスも生後2カ月ほどになり、体重も1キロをこえて、ぴょんぴょん、はねたり、飛んだり、走ったり元気いっぱいです。

病院では、麻末《あさみ》先生と麻耶《まや》さんが、仕事の合間をぬって、2ひきの世話をはじめました。

毎朝、ご飯がおわると、麻耶《まや》さんはキャットルームの横にある、「コンビニケージ」に2ひきを入れます。

このコンビニケージは病院のとなりにあるコンビニエンスストアからガラスごしに見えるので、この名がつけられたのです。

コンビニケージに子ねこを入れて、たくさんの人にみてもらおうというのは、龍策《りゅうさく》先生がかんがえたアイデアです。

コンビニエンスストアに来るたくさんのお客さんに子ねこのかわいらしさを知ってもらい、飼《か》い主《ぬし》さんになってくれる人がふえるといいなあという思いからかんがえついたものです。店長さんとも話し合ってつくった自慢のケージです。

このコンビニエンスストアは、店内でコーヒーを飲んだり、サンドイッチを食べたりするカウンターテーブルがあり、そのテーブルの真正面に、コンビニケージがあるのです。

店で買ったコーヒーを飲みながら、多くのお客さんが、ガラスごしにかわいいユズとカボスの様子をみていきます。ユズとカボスは大人気！　店のお客さんはみんなケージをのぞきこんで、笑顔になります。

そんななか、毎日のようにここに来て、コーヒーを飲んでいるおばあさんがいました。

ねんれいは80さいくらいでしょうか。

おばあさんのお目当ては、ユズとカボスのようです。

あきもせず、ユズとカボスがいる間、ずっとずっと、にこにこしながらコンビニケージをながめています。

「かわいいなあ……ええ子やなあ……」

ガラスごしに、ユズとカボスに声をかけています。

かわいくて仕方がないのでしょう。

それからも、おばあさんは、欠かさずユズとカボスに会いに、このコンビニエンスストアにやってきました。

その期待にこたえるように、ユズとカボスも、見にきた人たちに子ねこならではの愛くるしいすがたをみせてくれます。

コンビニケージのキトンカウンター。ガラスの向こうはコンビニエンスストアです

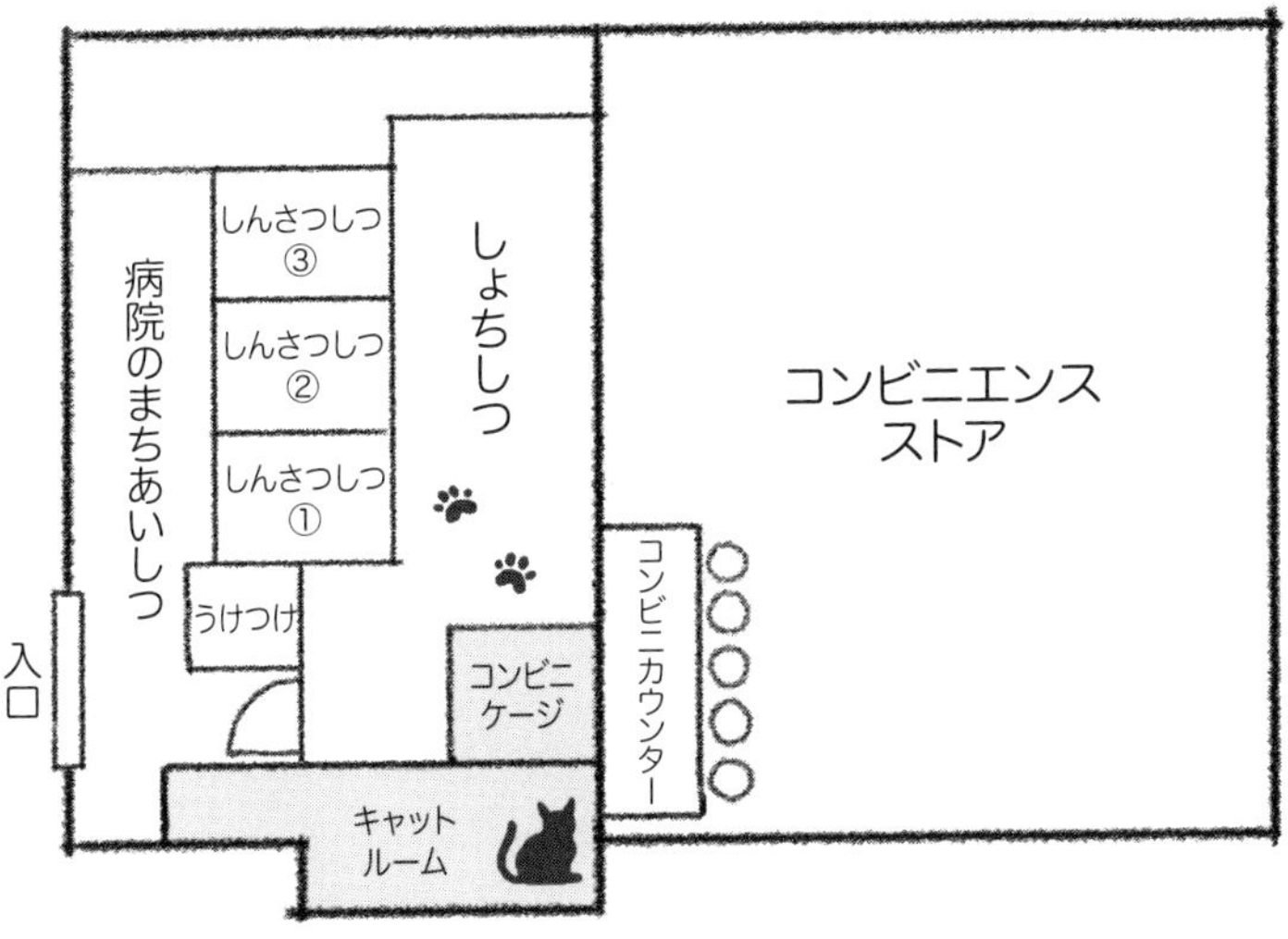

龍策《りゅうさく》先生の病院（左）のコンビニケージはガラスまどになっていてコンビニエンスストア（右）が見えます

コンビニケージのよいところは、たくさんの人に子ねこをみてもらえるというだけではありません。ユズとカボスにとっても、とてもいいトレーニングになるのです。名づけて「人間大好き！　トレーニング」。

たくさんの人にガラスごしに毎日みられているので、ユズとカボスは知らない人に会ってもぜんぜん平気です。人をこわがらない「人間大好き！　ねこ」になっていくのです。

人が大好きなねこに育てば、あたらしい飼《か》い主《ぬし》さんもすぐに見つかります。人が大好きなねこなら、人とのくらしが楽しいと思えるでしょう。飼《か》い主《ぬし》さんにもうんとかわいがってもらえます。あそんでもらえます。それはユズとカボスがとっても幸せになれるということなのです。

ただ、ユズとカボスがコンビニケージに入っているのは長くて1時間ほど。あまり長い間、人にみられていると、子ねこはつかれてしまうからです。麻耶《まや》さんや麻末《あさみ》先生は、診察《しんさつ》の合間をみて、1時間ほどで2ひきをコンビニケージから、いつものケージにもどしてまた仕事にもどります。

そして、午前のしんりょうがおわると、2ひきにお昼ご飯を食べさせて、体重をはかり、こんどはキャットルームであそばせます。

キャットルームはその名のとおり、ねこのための部屋で、ねこが大好きなあそび道具がたくさん置いてあります。

かくれんぼごっこができるような、ぬののトンネルやバスケット。高いところが大好きなねこが上って楽しめるキャットタワーがいくつもあります。ここは、ねこにとってテーマパークのような楽しい部屋なのです。これも、ねこが大好きな龍策《りゅうさく》先生のアイデアでつくられました。

ねこのことを知りつくした龍策《りゅうさく》先生ごじまんの部屋ですから、ここへ入ると、ユズもカボスもじっとしているわけがありません。

部屋に入ったとたん、目にもとまらぬ速さで、トンネルをすりぬけ、風のように走り回ります。そして、麻耶《まや》さんや麻未《あさみ》先生が目をはなしたすきに、小さな前足をキャットタワーにかけて、ひょい、ひょいと上っていきます。まだ小さいので落ちたらたいへん！　麻耶《まや》さんも麻未《あさみ》先生もいっときも目がはなせません。

みているとすばしっこいユズにくらべ、カボスはすこし、おっとりしているようです。それでも、うまれたときからずっといっしょのきょうだいは、ぴょんぴょん飛びはねながらなかよくあそびます。

このあそびも、ユズとカボスにとっては、大切なトレーニングなのです。大切なねこのトレーニングは、ふたつあると龍策《りゅうさく》先生はいいます。ひとつ目は、人間となかよくくらせるねこにすること、ふたつ目は、ねこ同士で上手にあそべるようにすることです。

ねこは高いところが好きです。ねこにとって高いところは安全で落ち着ける場所なのです。上下に運動できるようにキャットタワーを置いてあげれば、家のなかだけでも運動不足になることはありません。ねこをかうときは、必ずキャットタワーをつくってあげましょう

ねこ同士であそぶことによって、あそび方を学ぶのです。ですから龍策《りゅうさく》先生は、子ねこがうまれてからの3カ月間は、必ず2ひき以上のむれのなかで育てることが大切だと話しています。

ユズやカボスもおなじです。ユズがあそびでじゃれていて、カボスをかんだり、ひっかいたりしたときに、カボスが「イタイよ！」とユズにうったえれば、ユズは「これ以上強くかんだり、ひっか

いたりしたら、カボスがけがしちゃうんだな……」とわかるのです。

こうして、あそびの力かげんをおたがいに学べば、上手にあそべるようになります。

また、龍策《りゅうさく》先生は「人間がねことあそぶときは人間の手や足を道具にしてあそばせてはいけない」と、いつも飼《か》い主《ぬし》さんに注意しています。

指などをくるくる回して、ねこの相手をすると、ねこは、その指をおもちゃだとかんちがいして、パンチをしたり、つかまえようとしたり、ひっかいたりします。

子ねこのうちはそれほどいたいと感じることはありませんが、ねこが大きくなって、人間の指や手にパンチをしたり、かんだりしたら、大けがをしかねません。

そんなくせがついたねこをかう飼《か》い主《ぬし》さんは、たまったものではありません。

「どこから入ろうかな？」いろんなことにきょうみしんしんのカボス

いっしょうけんめい高いところに上ろうとするユズ。まだ小さいからおちたらたいへん

ねことの生活が楽しいとは思えなくなります。

ここでは麻耶《まや》さんや麻未《あさみ》先生も、ねことあそぶときには、必ずおもちゃを使ってあそんでいます。そうすることで、人間の指や手や足は「おもちゃ」ではないとわかるようになり、人間となかよくくらせるねこになるのです。

ここでのユズとカボスのトレーニングはほかにもあります。

麻耶《まや》さんは、犬のにおいや犬の鳴き声になれるよう、ユズやカボスをときどきキャットルームからとなりの犬せんもんのスペースに連れていきます。これは、いろんな音やにおいになれるトレーニングです。

そのおかげで、いまではユズもカボスも外の物音にもなれてきて、こわがる様子もありません。コンビニケージでたくさんの人にみられたり、病院にたくさんの人が出入りするおかげで、人も大好きです。

知らない人でも、足元にすりよったり、おとなしくだかれたりできます。

人がねことあそぶときはねこ用のおもちゃを使おう

ここまでくれば、もうだいじょうぶ。
この調子なら、きっとすぐあたらしい飼《か》い主《ぬし》さんが見つかるでしょう。そして
とってもかわいがってもらえるでしょう。
あとは、あたらしい飼《か》い主《ぬし》さんがたくさん、たくさんなでて、愛情《あいじょう》いっぱい、かわいがってくれればいいのです。

ぼくとのスキンシップは、これを参考にしてね

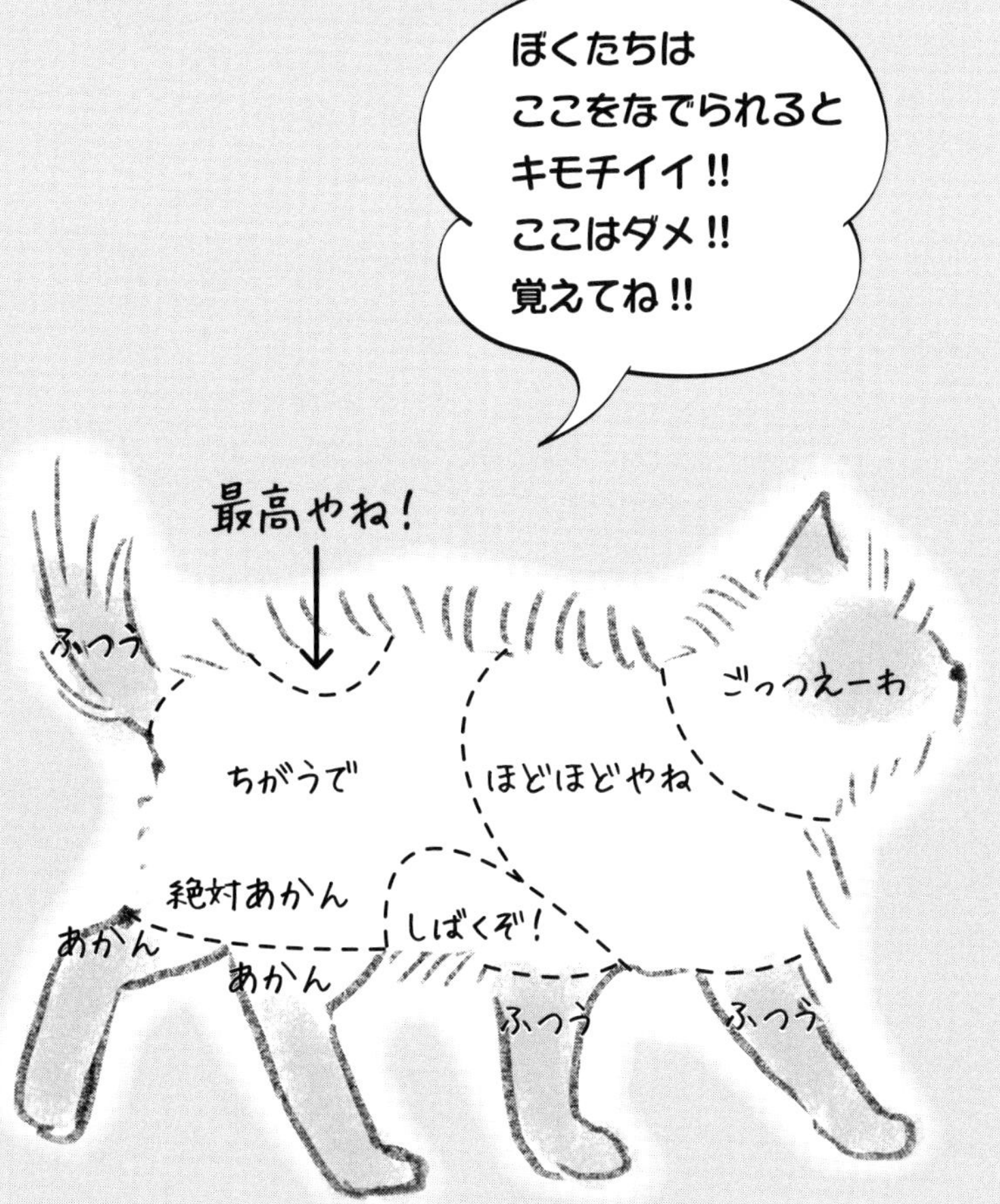

コンブとヒジキ

ユズとカボスが来てから2カ月がすぎた6月のはじめ、「おおさかワンニャンセンター」から龍策《りゅうさく》先生の病院に、つぎの子ねこがやってきました。

名前は、コンブとヒジキ。

コンブはアニメ「魔女《まじょ》の宅急便《たっきゅうびん》」に出てくる黒ねこ「ジジ」のようにきれいなねこです。ヒジキは白い毛にグレーのもようが入っていて、ヒジキもとてもかわいいねこです。2ひきがうまれたのは、5月のなかばすぎ。

まだうまれて2週間ほどしかたっていないため、これからしばらくはミルク

子ねこリレー作戦の２組めのヒジキ（左）とコンブ（右）

で育てなければなりません。

ユズとカボスのときは、病院がいそがしい春先で、ミルクの世話は龍策《りゅうさく》先生のおくさんたちがしてくれていましたが、こんどは麻耶《まや》さんたちの番です。

動物かんごしの麻耶《まや》さんはコンブをみて、思わず自分がかっている黒ねこの「ミツイ」を思いうかべました。ミツイは、麻耶《まや》さんが中学生のころからいっしょにくらしている大切な家族です。15さいになったいまも元気ですが、ミツイも捨てられたねこでした。自然とコンブとヒジキの世話に、気合いが入ります。

コンブとヒジキがやってきた日には、体重を測定《そくてい》して、ノミ・ダニを取りのぞく薬を体につけたあと、おなかの虫を殺す薬を飲ませました。

のらねこの子は、必ずといっていいほど、おなかのなかにきせいする回虫がいるのです。

けんべんをしてうんちのじょうたいもかくにんです。言葉を話さない犬やねこの健康じょうたいをみるのに、うんちはとても大切なサインです。

うんちのじょうたいから、コンブもヒジキも、健康に問題はなさそうです。健康なら、悪い病気にかからないようワクチン予防注射《よぼうちゅうしゃ》を行ないます。あとはミルクをたくさん飲んでくれれば、すくすく育っていくはずです。

ところが……、2ひきが来て2日目。ヒジキがまったくミルクを飲みません。

ほにゅうびんを近づけても、いっこうにすいつこうとしないのです。めんどうをみていた麻耶《まや》さんは、ほにゅうびんをやめてシリンジで飲ませることにしました。

シリンジは、ハリのない注射《ちゅうしゃ》きのようなプラスチックようきのことです。なかにミルクを入れて、すこしずつ先からおし出して飲ませるのですが、注射《ちゅうしゃ》きのようなもので流し入れるので、食道ではなく、空気が通る気管にミルクが入ってしまうことがあり、とても危険《きけん》です。

麻耶《まや》さんは、気をつけながらミルクをそっと、そっと、すこしずつヒジキの口に流しいれました。

この時期の子ねこが飲むミルクの量は1日で60〜80cc。

1回10ccずつを、3時間ごとに、1日6回〜8回あげなければなりませんが、麻耶《まや》さんがミルクをあたえても、ヒジキはまったくのみこまないのです。ミルクはヒジキの口にたまったまま。これほど小さい子ねこのうちは、ミルクを飲むか飲まないかで、生きるか死ぬかが決まってしまいます。

だからといって、むりやりミルクを口に入れるのはもっと危険《きけん》です。

「ヒジキ……、飲まんとあかんよ……。お願いやから、飲んで……」

麻耶《まや》さんは必死でいのるようにヒジキにいいましたが、ヒジキはまったく飲んでくれません。麻耶《まや》さんはしばらく注意深くヒジキを見守っていましたが、ヒジキの様子が変です。

そのほうこくを麻耶《まや》さんから受けた龍策《りゅうさく》先生は、ヒジキの口からチューブを入れ、胃《い》に直接《ちょくせつ》ミルクを流しこむことにしました。

飲まないのなら、飲ませるしか助ける方法がないのです。

このような方法は、獣医《じゅうい》さんにしかできません。動物病院でなかったら、ヒジキは助からなかったでしょう。

「こんなときこそ、子ねこリレー作戦に獣医《じゅうい》が参加する意味があるんだ」

そんなことをかんがえながら、龍策《りゅうさく》先生はヒジキの胃《い》にミルクをすこしずつ、そっとそっと流し入れました。

しばらくすると、死んだようにぐったりしていたヒジキが、目をしょぼしょぼと開けながら鳴きました。


みゃあ……。みゃあ……。


栄養が体に回って、エネルギーになったのでしょう。龍策《りゅうさく》先生も麻未《あさみ》先生も、麻耶《まや》さんも、ヒジキの鳴き声を聞いて、ほっとしました。

しかし、ほっとしたのもつかの間。麻耶《まや》さんが仕事をしながら、3時間ごとにシリンジでミルクをあたえますが、ヒジキはほとんどミルクを飲もうとしません。ほんのすこしずつ飲ませるしかなく、麻耶《まや》さんはたくさん時間をかけて、ゆっくりとヒジキの口にミルクを入れました。

「ヒジキ……飲みや……そうそう……がんばれ！　がんばれ！　ええ子やなあ……。ええ子やなあ……」

麻耶《まや》さんはやさしく声をかけて、ミルクをそっと口に流し入れます。

気がつくと、ミルクをあげはじめてから40分がたっていました。いそがしい麻耶《まや》さんにはとても長い時間に感じました。

「ふう……。たった5 ccしか飲めてへん……コンブは、ミルクをごくごく飲むのになあ……」

おなじきょうだいでも、しょくよくはまるで正反対。

40分もかかってヒジキが飲んだのは、必要なミルクの量の半分です。

一度に飲めないのなら、回数をふやすしかありません。

「また、あとで飲もうな……こんどはいっぱい飲むんやで……ヒジキ」

やさしくいうと、麻耶《まや》さんはヒジキを部屋にもどしました。

「ヒジキ、がんばりや！　わたしもがんばるから、いっしょにがんばろな！」

麻耶《まや》さんは、自分にいい聞かせるように、小さな、小さなヒジキをみてうなずきました。

ヒジキがまん丸な目で麻耶《まや》さんをじっとみて「みゃあぁ……」とあまえた声で鳴きました。

それから3週間ほどすぎた6月のおわり。

麻耶《まや》さんのきもちがヒジキに届いたのか、ヒジキはミルクの時期を無事のりこえ、りにゅう食が食べられるまでになりました。

りにゅう食とは、トロトロのとてもやわらかい食事のことで、ミルクからふつうのキャットフードに変わっていくとちゅうの食事です。

このころになると、ヒジキもすこし手伝ってあげれば、自分でご飯を食べられるようになり、麻耶《まや》さんはほっとしました。カリカリのふつうのキャットフードが食べられる時期まではあともうすこし。

それまでは決して気がぬけませんが、まったくミルクが飲めなかったヒジキの「ミルクの時期」をのりこえられたことで、麻耶《まや》さんには大きな自信がつきました。

そのすがたをいつもみていた龍策《りゅうさく》先生は、子ねこリレー作戦に参加して本当によかったと思いました。

それは子ねこの命を通して、大きく成長していく、かんごしさんや獣医《じゅうい》さんのすがた、そして、みんなで守りぬいた子ねこたちの元気なすがたがあるからでした。

つながれたバトン

コンブとヒジキのミルクがおわるころ、せんぱい組のユズとカボスは、体重が1・5キロまでふえ、やんちゃでかわいいさかりをむかえていました。

ユズは、すぐに飼《か》い主《ぬし》さんが決まり、直接《ちょくせつ》、飼《か》い主《ぬし》さんのもとへ。カボスはキトンシッターさんのところへ旅立つ日が近づいていました。

ユズの飼《か》い主《ぬし》さんになったのは、会社員の高田康二郎《たかだこうじろう》さんです。

康二郎《こうじろう》さんは3年前、子どものころからかっていた17さいの黒ねこ、リンをなくしました。ろうすいでおだやかに天国へ旅立ったのですが、康二郎《こうじろう》さんも

家族も、リンを失った悲しみで、その後はねこをかう気にはなれませんでした。

そんなある日、康二郎《こうじろう》さんは、仕事で知り合った龍策《りゅうさく》先生から「子ねこリレー作戦」の話を聞いたのです。

「動物病院が捨てられた子ねこの世話をして、飼《か》い主《ぬし》さんをさがすなんて、すごいなあ……」

龍策《りゅうさく》先生の話を聞いて、康二郎《こうじろう》さんのなかに子ねこのころのリンの記憶がよみがえってきました。なくなったリンも捨てねこだったからです。

すると急に、「行き場所のない子ねこを、幸せにしたい」という思いが、ふつふつとこみ上げてきたのです。

そのばん、康二郎《こうじろう》さんは、「子ねこリレー作戦」の子ねこを引き取りたいと、家族に相談しました。

「吉内《よしうち》先生の話やと、飼《か》い主《ぬし》さんはできれば40さい未満の人にお願いした

ユズの飼《か》い主《ぬし》になった康二郎《こうじろう》さん。ユズは名前をあらためハッサクに

いっていうてた。ぼくが飼《か》い主《ぬし》として引き取ったら、なんも問題ないやろ。子ねこが20さいまで生きても、ぼくなら十分めんどうみれるやん！」

いまではペットの生活かんきょうも、食事も、医療《いりょう》も、昔とくらべてずいぶんよくなったため、20さい以上生きるねこもめずらしくありません。

康二郎《こうじろう》さんはまだ29さい。たとえこの先、子ねこが20年以上生きたとしても、飼《か》い主《ぬし》さんとしては十分なわかさです。

康二郎《こうじろう》さん家族はみんなで協力して「子ねこリレー作戦」の最後のバトンを自分たちが受け取ろうと決意しました。

そうと決まれば「ぜんは急げ！」です。さっそく、康二郎《こうじろう》さんは、子ねこに会いに、龍策《りゅうさく》先生の動物病院にやってきました。

すると、カボスより積極的で、やんちゃなユズが、ちょこちょこと近づいて「にゃあ……」とあまえた声を出して、ひょこひょこと康二郎《こうじろう》さんのひざの上にのろうとしました。

康二郎《こうじろう》さんは思わずユズをだき上げ、「ぼくの家族になりたいんか？」といって、目を細めました。

「にゃあ……にゃあ……」

こんなにあまえた声を出されては、たまったもんではありません。

はじめて会う康二郎《こうじろう》さんをみても、ユズはまったくこわがる様子もありません。まるでずっと康二郎《こうじろう》さんの家族だったかのようにあまえてきたのです。

康二郎《こうじろう》さんは、このますぐに連れて帰りたいほど、ユズを一目で気に入りました。

「よーし　決まりや！　きみは、ぼくの家族になるんやで！　ええか？」

そういって康二郎《こうじろう》さんがユズをなでると、ユズは「にゃあ……」と小さく鳴いて、まん丸な目で康二郎《こうじろう》さんを見上げました。

まもなく、すこしおっとり気味のカボスにもつぎのバトンがつながりました。

カボスのバトンを受け取ったのは、キトンシッターで、82さいの濱野《はまの》アイ子さんです。

アイ子さんは、毎日のように病院のとなりのコンビニエンスストアに通って、コンビニケージでユズとカボスをみていたあのおばあさんです。

アイ子さんは、ずっと昔にねこをかっていたことがあり、ねこが大好きです。のらねこの世話でもしたいと思うほど、ねこがかわいくて仕方がありませんが、いまはもう80さいをすぎ、ねこをかうことはあきらめていました。

アイ子さんのご主人も、体が不自由でかいごしせつに入っています。

「自分もいつ、どんなことになるかわからへんもんなあ……。この先、15年、20年もねこのめんどうはみられへん」

ところが、毎日のようにコンビニに通い、ガラスごしに見えるユズとカボスに会うたび、ねこをかいたいという思いがつのっていきました。

アイ子さんのお気に入りは、鼻黒で、カワウソのような毛がチャーミングなカボスでした。コンビニケージから見えるカボスのしぐさにアイ子さんはメロメロになってしまったのです。

思い立ったアイ子さんは、ある日勇気を出して、となりの動物病院にカボスのことを聞いてみることにしました。

「ごこうれいの方には、残念ながら飼《か》い主《ぬし》にはなっていただけないのですが……。飼《か》い主《ぬし》さんが決まるまで、子ねこのお世話をするシッターさんとして、子ねこをあずかっていただけませんか？」

龍策《りゅうさく》先生は、そうアイ子さんに提案《ていあん》しました。

この先何年もカボスのめんどうをみるのがむりなのはアイ子さんもわかっています。龍策《りゅうさく》先生のいうとおり、シッターさんとしていっときだけあずかることならできそうです。

でも……、飼《か》い主《ぬし》さんが決まってしまえば、カボスとはなればなれになってしまいます。

毎日のようにコンビニケージでカボスと会っていたアイ子さんにとって、カボスはすでに特別なねこになっていました。一時的にあずかって、そのあと手放すなどたえられそうにありません。

そこで、アイ子さんは一大決心！

アイ子さんのじたくから電車で30分ほどはなれた場所でくらすむすめさんにカボスの飼《か》い主《ぬし》になってくれるようお願いしたのです。

むすめさんが飼《か》い主《ぬし》なら、好きなときにカボスに会うことができます。もし、この先自分が病気をしたり、かいごしせつに入っても、むすめさんが飼《か》い主《ぬし》なのでカボスがさびしい思いをすることもありません。カボスにとっても、アイ子さんにとっても最高のアイデアです。

むすめさんもアイ子さんのアイデアにすぐにさんせいしました。

カボスが家族になれば、お母さんのアイ子さんも元気に長生きでき、自分たちふうふもかわいい家族ができて楽しくくらせると思ったからでした。

カボスのキトンシッターの
アイ子さん

アイ子さんのむすめさんが飼《か》い主《ぬし》に。
名前はカボスからココアに

龍策《りゅうさく》先生をはじめ、病院のスタッフも、この組み合わせは願ったりかなったりです。キトンシッターさんのなかには、あずかった子ねことの別れがさびしくて、泣いてしまうおとしよりもいたからでした。

こうしてカボスは、アイ子さんのむすめさんのところでかわれることになり、アイ子さんがむすめさんのじたくに通って、シッターさんとしてカボスのお世話をすることに決まりました。もうすぐカボスはアイ子さんの家族になるのです。

それまで待ちきれないアイ子さんは、いままでどおりせっせとコンビニエンスストアに通います。いつものようにコーヒーを買って、コンビニケージの前のカウンターテーブルで、ユズとカボスをながめながら、幸せな時間をすごすためでした。

康二郎《こうじろう》さんとアイ子さんに、ユズとカボスのバトンが、龍策《りゅうさく》先生の病院からわたされるまで、あとわずか。

〝この人たちなら、まちがいなくユズとカボスにたくさんの幸せをくれるだろう〟

龍策《りゅうさく》先生は、ユズとカボスの飼《か》い主《ぬし》となる康二郎《こうじろう》さんとアイ子さん親子をみて、すぐにそう思いました。

ユズとカボスの手術《しゅじゅつ》

「麻未《あさみ》先生、ユズとカボスを飼《か》い主《ぬし》さんとキトンシッターさんにおわたしする日が決まったから、そろそろ2ひきの去勢手術《きょせいしゅじゅつ》しよか」

その日、午前中の診察《しんさつ》を終えた龍策《りゅうさく》先生は、ちかくにいた麻未《あさみ》先生にユズとカボスの手術《しゅじゅつ》のスケジュールを伝えました。手術《しゅじゅつ》には、2ひきのたんとうをしていた麻未《あさみ》先生も立ち会います。

でも、ユズもカボスもどこかが悪いわけではありません。

2ひきが受けるのは「去勢手術《きょせいしゅじゅつ》」といって、赤ちゃんをつくらせないように

する手術《しゅじゅつ》なのです。

オスはオチンチンの横にあるふたつのふくろのなかにある「こう丸《がん》」をとる手術《しゅじゅつ》です。こう丸《がん》は赤ちゃんのタネとなるせいしをつくるので、このふくろがなくなれば、赤ちゃんをつくることはできません。

どこも悪くないのに、手術《しゅじゅつ》をするなんて「かわいそう」という人もいますが、この手術《しゅじゅつ》は、ねこが人間となかよくくらしていくためには、とても大切なことなのです。

人間がかえるねこの数よりもたくさんの子ねこがうまれてしまうから、つぎつぎと「おおさかワンニャンセンター」に子ねこがあずけられるのです。センターに連れてこられるねこをへらしたり、のらねこをへらすためには、子ねこの数がこれ以上ふえないようにしなければなりません。

そうすれば、捨てられる命や死んでいく命は、なくなります。

また、この手術《しゅじゅつ》は「赤ちゃんをつくらせない」という目的だけではなく、手術《しゅじゅつ》をすることで、「赤ちゃんをつくりたい！」というきもちが、ねこに起こらなくなり、心おだやかに、安心して、幸せに毎日をすごすことができるのです。

そもそも人間の家のなかでかわれているねこは、赤ちゃんをつくりに勝手に外に出かけることはできません。家から出かけられないねこが「赤ちゃんをつくりたい！」というきもちをもっていると、飼《か》い主《ぬし》さんに「ここから出して！」と夜じゅう鳴きつづけます。そうなると、飼《か》い主《ぬし》さんはとてもこまります。

鳴きつづけてうるさいからと外に自由に出してしまったら、ガールフレンドやボーイフレンドを見つけて、赤ちゃんをつくってしまうでしょう。そして、たくさんの子ねこがうまれ、そんなねこたちが「おおさかワンニャンセンター」に運ばれてくるのです。

不幸な命をもうこれ以上ふやさない。

そのための手術《しゅじゅつ》が、メスの場合は「不妊《ふにん》」手術《しゅじゅつ》。オスの場合は「去勢《きょせい》」手《しゅ》術《じゅつ》というわけなのです。


いよいよ手術《しゅじゅつ》の日。

2ひきはクレートに入れられて、手術《しゅじゅつ》室へと連れていかれました。

「ユズ……ちょっといたいけどガマンやで……」

龍策《りゅうさく》先生は、ユズにそういうと、動物かんごしさんにだかれていたユズの体に注射《ちゅうしゃ》のハリをさしました。

とたんにユズは大あばれ。「ぎゃあ、ぎゃあ」と、だいていた動物かんごしさんの手のなかであばれました。でも、それもあっという間、ユズは目をトロンとさせて、くたっとねてしまいました。

先生たちは、すばやくユズを手術《しゅじゅつ》台の箱のなかにあおむけにねかせ、前足と後ろ足が動かないようにヒモで結びました。

まだ、小さいオスねこのユズの手術《しゅじゅつ》はたいへんです。なにもかもが小さいため、しんちょうに行なわなければなりません。手伝いをしていた麻未《あさみ》先生もしんけんに龍策《りゅうさく》先生の手元をみています。龍策《りゅうさく》先生は、集中しながら、指先を動かしていきます。失敗はゆるされません。

そして、手術《しゅじゅつ》がはじまって15分ほどで、米つぶほどの小さなふたつのこう丸《がん》がガーゼの上にのせられました。手術《しゅじゅつ》は無事成功。あとはきずぐちをぬっておわりです。

最後にマイクロチップをユズの体に入れます。マイクロチップは長さ1センチほどのえんぴつのしんのようなもので、ここには「15けたの番号」が登録されています。

これは犬やねこの体のなかにあるまいご札みたいなもので、犬やねこの体の上から番号を読む機械を当てれば、番号が表れて、飼《か》い主《ぬし》さんがすぐにわかるしくみです。

まいごになったときにはとても便利です。まいご札のように落とすこともありません。

「よし！　マイクロチップも入ったから、かくにんのため番号を読み取ってみよう」

龍策《りゅうさく》先生がいうと、動物かんごしさんが、読み取り機をユズの体にかざしました。

「ピッ！」

音と同時に、読み取り機には15けたの数字が表れました。

これで、すべてがおわり。飼《か》い主《ぬし》さんのところへ行くじゅんびはばんたんで

不妊手術《ふにんしゅじゅつ》と去勢手術《きょせいしゅじゅつ》

1 ますい

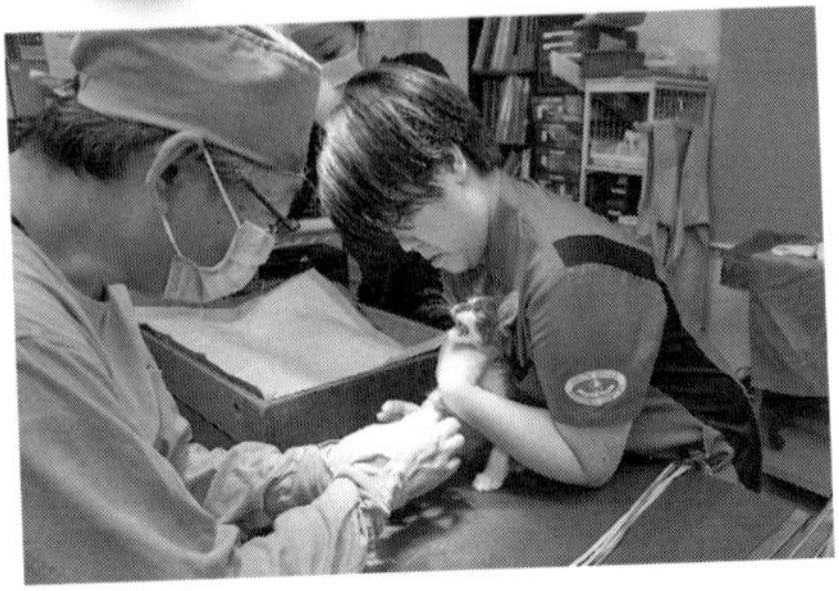

注射をして
ねむらせる

2 あおむけにねかされる

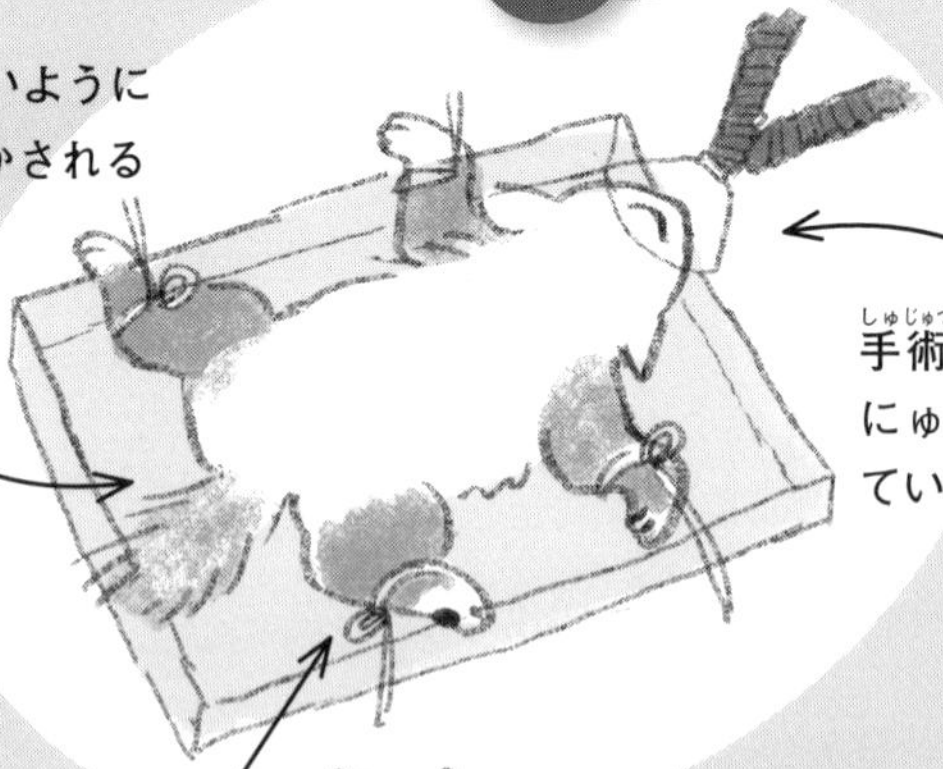

手術《しゅじゅつ》がしやすいように
あおむけにねかされる

手術《しゅじゅつ》の間はきゅう
にゅうますいをし
ている

ねこが動いて体のほかの
場所をきずつけないよう
台に固定する

3 手術中《しゅじゅつ》

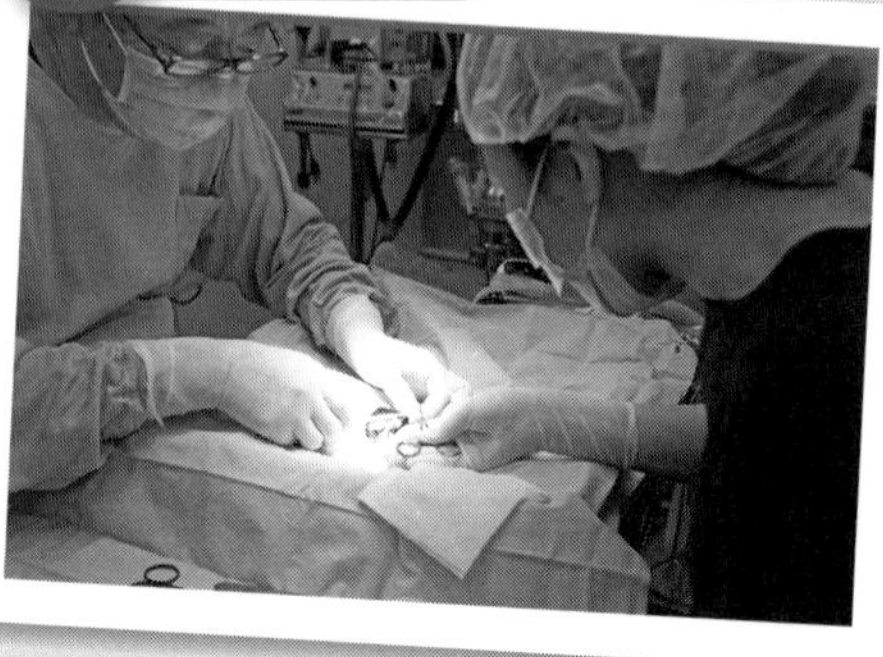

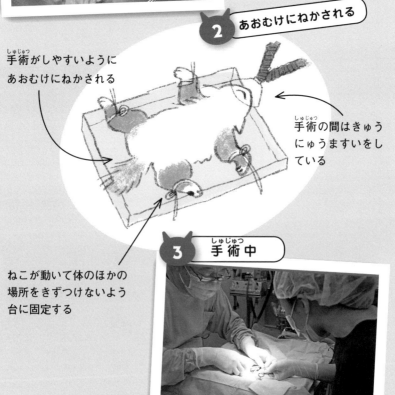

オスの去勢手術《きょせいしゅじゅつ》

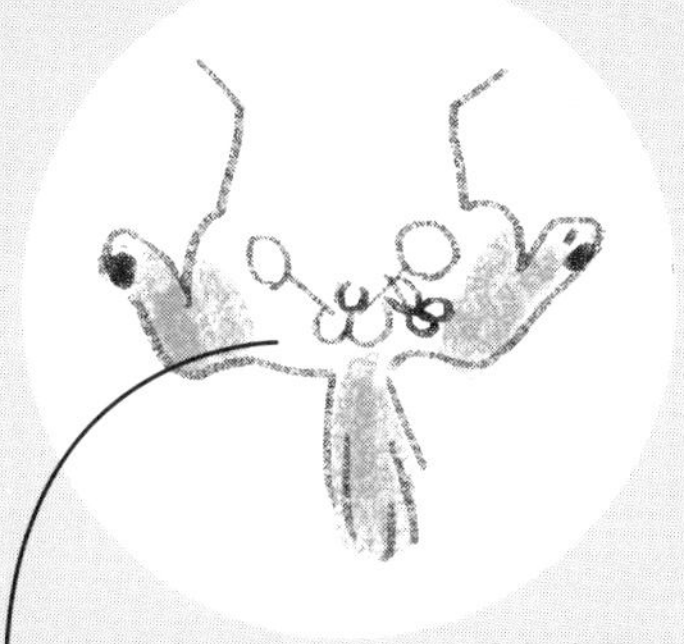

いんのうを切ってせいそうを取る

メスの不妊手術《ふにんしゅじゅつ》

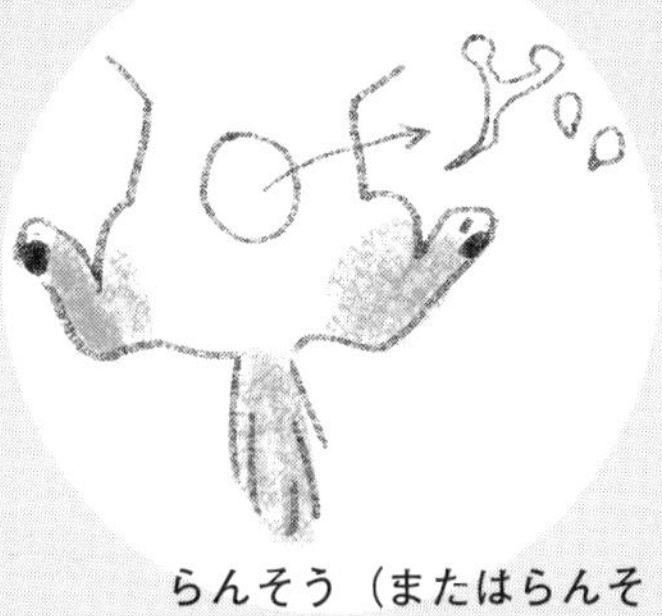

らんそう（またはらんそうと子宮）をぜんぶ取る

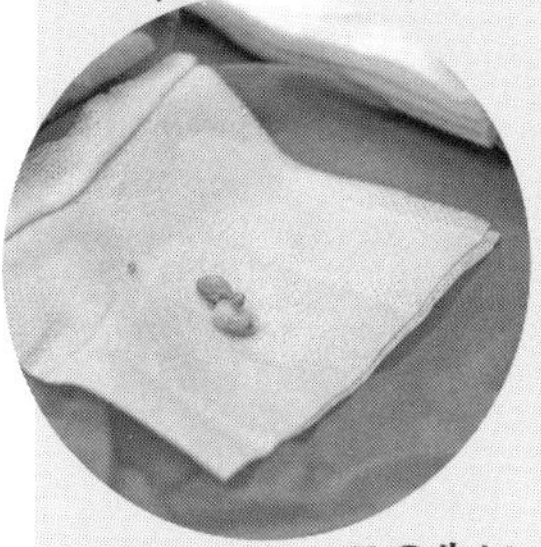

子ねこのこう丸《がん》の大きさは米つぶほど

4 マイクロチップを入れる

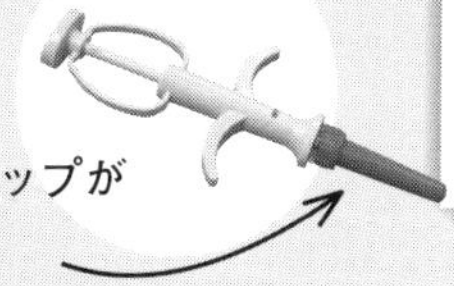

この先にマイクロチップが入っている

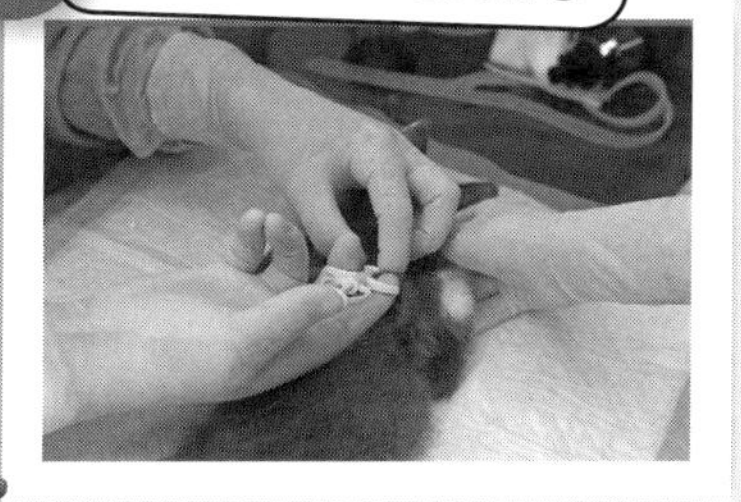

まいごになっても飼《か》い主《ぬし》さんがすぐわかる

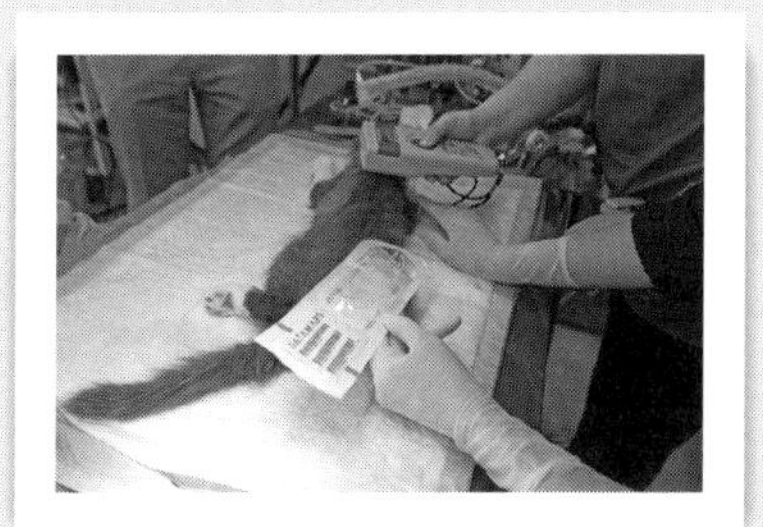

読み取り機をかざして、番号がいっちしてるかかくにん

5 手術《しゅじゅつ》かんりょう

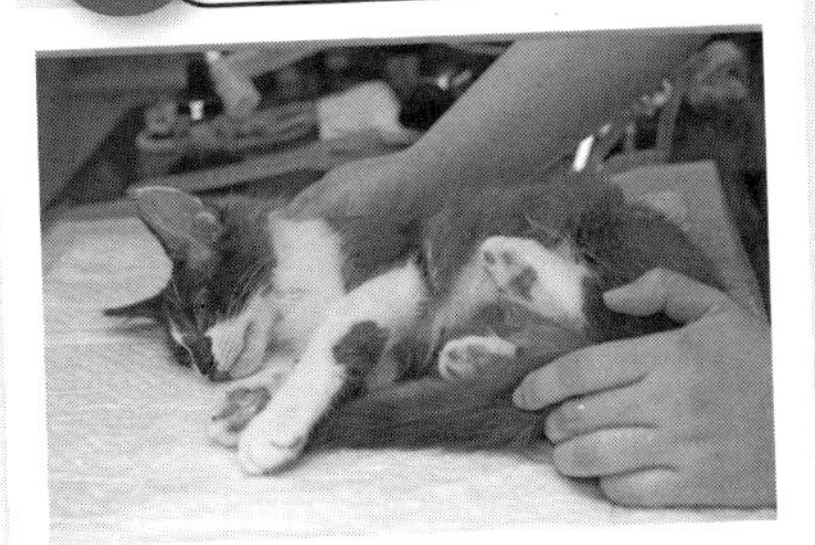

無事におわってよかったね

す。あとはますいからさめて、いつもどおり元気がもどればもうなにも心配ありません。

やがて、ユズがますいからさめて、ボーッとした顔であたりを見回しました。

みゃあ……みゃあ……。

「ようがんばったなあ。ユズ！」

龍策《りゅうさく》先生が、ユズにやさしく声をかけました。

つづいて、カボスの手術《しゅじゅつ》もマイクロチップそうちゃくも無事しゅうりょう！

ユズとカボスがやってきてからの3カ月間、どれだけの人がどれだけたくさんの世話をしてきたのでしょう。

ミルクボランティアを手伝ってくれた龍策《りゅうさく》先生のおくさんやむすめさん、

毎日世話をしてくれた麻未《あさみ》先生や麻耶《まや》さん、ふたりがいそがしいときには、かわりばんこでめんどうをみてくれた病院のおおぜいのスタッフたち。

みんなの協力でようやくユズとカボスの命のバトンをつぎにわたすときが来ました。

「ユズ、カボス、君らは、もうすぐ別々のところへ行くけど、そこでもうんとかわいがってもらうんやで！」

みゃああ、みゃああ。

龍策《りゅうさく》先生の言葉にこたえるように、2ひきは小さな前足を差し出して、あまえたように鳴きました。

「元気で、がんばるんやで！」

その後、病院のみんなに見送られながら、ユズは飼《か》い主《ぬし》の康二郎《こうじろう》さんのもとへ、カボスはキトンシッターのアイ子さんのもとへ、元気いっぱいに旅立っていきました。

命はたったひとつ

ユズとカボスの命のバトンをつないで3カ月がすぎ、暑さがやわらぐ季節がやってきました。

その日の朝も、龍策《りゅうさく》先生の病院には、たくさんの飼《か》い主《ぬし》さんが犬やねこを連れて、病院は大こんざつ！　大いそがしで午前の診察《しんさつ》がおわったときには、お昼をとっくにすぎていました。おなかもペコペコですが、今朝は、龍策《りゅうさく》先生にとって、ちょっぴりいいことがありました。

あのユズが月に一度の健康しんだんで飼《か》い主《ぬし》さんに連れられ、元気なすがた

を見せてくれたからです。

ユズとカボスはミルクがおわるまで、龍策《りゅうさく》先生のじたくでおくさんがめんどうをみていたため、龍策《りゅうさく》先生にとっても、特別かわいい子ねこでした。

朝の診察《しんさつ》室での出来事を思い出すと、自然とほほがゆるんでしまいます。

病院にやってきたユズは、診察《しんさつ》室でもまったくこわがる様子をみせませんでした。

「ふつう、ねこって病院めっちゃいやがりますよね……。きっとここで育てかわいがってもらったん、覚えてるんやなあ……」

飼《か》い主《ぬし》の康二郎《こうじろう》さんが、ユズをなでながらほほえんでいいました。

ユズはこわがるどころかきょうみしんしん、あそんでほしいのか、診察《しんさつ》台の上であちらこちらを見回していたのです。

龍策《りゅうさく》先生がユズの体にちょうしん器を当てながら「家では元気にあそんでま

すか？」と、康二郎《こうじろう》さんに聞きました。

「ソファの上にジャンプしたり元気すぎてあばれまくってます。でも、それもふくめてぜんぶ、ぜんぶかわいくて仕方ありません」

目を細めて、いとしそうにユズをみるすがたに、康二郎《こうじろう》さん一家がどれほどユズを大切にしてくれているのかは、だれがみても明らかでした。


カボスのキトンシッターのアイ子さんは、カボスがむすめさんの家にもらわれたいまでも、毎日のように病院のとなりにあるコンビニエンスストアにコーヒーを飲みに来ていました。

お目当てはもちろんコンビニケージのねこたち。

アイ子さんは根っからねこが大好きなおばあさんなのです。

いまでは、ユズとおなじように、カボスもエアコンの上から食器だなの上へとジャンプして、家中を走り回っているようです。

むすめさんのご主人がじたくにもどると、ドアの前ででむかえてくれるほどのあまえんぼうで、シッター役のアイ子さんもむすめさんふうふも笑顔がたえることがないといいます。

カボスのおかげで、アイ子さん親子はいままで以上になかよくなり、おたがいの家を行き来することも多くなったのです。

「ねこが人間にもたらす幸せは、むげん大やなあ……捨てられたねこや、のらねこが、みんなかわれて、人間にかわいがってもらえたら、一番幸せをもらえるんは、人間自身やねんけどな……」

ユズやカボスやあずかった子ねこたちが幸せになっていくのをみると、龍《りゅう》策《さく》先生もまた、幸せのかいだんを上っていけるようなきもちになれるのです。

そんなことをかんがえながら、龍《りゅう》策《さく》先生がにこにこしていると、ポケットのなかのスマートフォンがブルブルとふるえました。

番号をみると大成《たいせい》先生です。

「いま、病院のちかくまで来ているから、ちょっとよってもいい？」

元気な大成《たいせい》先生の声が聞こえてきます。

龍策《りゅうさく》先生が「これからちょうどお昼ご飯やねん」と伝えると、大成《たいせい》先生は、しばらくしてウナギ弁当《べんとう》をふたつ手に病院にやってきました。

ウナギ弁当《べんとう》は、午前中いそがしく働いてきた龍策《りゅうさく》先生のいぶくろにはぴったりです。

ふたりは、キャットクリニックの2階にある応接間《おうせつま》で、いっしょにお昼ご飯を食べることにしました。

「いただきます！」

龍策《りゅうさく》先生は、そういうと、両手を目の前で合わせてわりばしをわりました。

「子ねこリレーはどう？」と大成《たいせい》先生が大きなウナギを口いっぱいにほおばりながら、龍策《りゅうさく》先生に聞きました。

「ちのみごは、ほんまにたいへんやけど、スタッフみんながいっしょうけんめいめんどうみてくれるから、うまくいってると思うで」

龍策《りゅうさく》先生は、ミルクがまったく飲めなかったヒジキと、ヒジキをいっしょうけんめい世話していた麻耶《まや》さんのことを大成《たいせい》先生に話しました。

「ふうん。そんなことあってんなあ。子ねこの世話は、どんないい教科書より、ええこと教えてくれるなあ」

大成《たいせい》先生はそういうと、最後の一切れのウナギを口に放りこみ、満足そうに笑いました。

「ぼく、メシ食うのめっちゃはやかったやろ。子どものころ、ようお母さんにおこられたわ！」

龍策《りゅうさく》先生のウナギ弁当《べんとう》はというと、まだ半分以上も残っています。

「相変わらずや……」

昔からなかよしのふたりは、おたがいのことをよく知っています。

「ところで今日なあ、この春一番はじめにあずかった子ねこが、飼《か》い主《ぬし》さんと健康しんだんに来てくれてん」

龍策《りゅうさく》先生はその日の朝、健康しんだんにやってきたユズのことを話しました。

「元気やった？」

大成《たいせい》先生が、お茶を一口飲んでから聞きました。

「ええ飼《か》い主《ぬし》さんにもらわれて、元気にしてた。ぼくらのこともわすれんと、ちゃんと覚えてたみたいやしなあ。家ではすぐ人のひざの上にのったり、玄関《げんかん》まで飼《か》い主《ぬし》さんむかえに来るくらいあまえんぼうらしいで」

龍策《りゅうさく》先生は、うれしそうにユズのことを話しはじめました。

「それは、この病院でちゃんと〝人間大好き！　トレーニング〟したからや。その成果やなあ！」

まだミルクしか飲めなかったちのみごのねこが、やさしい飼《か》い主《ぬし》さんといっしょにキラキラと元気なすがたで病院に来てくれる。それが、先生や病院のみんなにとって、一番の「ごほうび」なのです。

それは、子どものころにかっていた愛犬チロが事故《じこ》で足をいためたときの龍策《りゅうさく》先生のきもちとは正反対のものでした。

元気な犬やねこのすがたは、たくさんの幸せを自分にくれる――。

だからこそ、獣医《じゅうい》さんになり、犬やねこの命を救ってきたのです。

龍策《りゅうさく》先生のきもちはあのときのまま、いまも変わっていません。

幸せそうにユズの話をする龍策《りゅうさく》先生をみながら、大成《たいせい》先生は仙台《せんだい》の車いすの女性《じょせい》のことを思い出していました。

車いすの女性《じょせい》だけではありません。あのころ、アニパル仙台《せんだい》で出会った多くのボランティアさんの顔が大成《たいせい》先生のなかにつぎつぎとよみがえってきます。あれからなん年もすぎているのに、どの顔も、昨日のことのように、おどろくほどあざやかに、くっきりと思い出されるのです。大地震《おおじしん》で自分の生活さえたいへんななか、必死に子ねこの命を救おうとする人たち。

そのすがたをみて大成《たいせい》先生は「人間はどうしてこんなに強い生き物なんだろう」と、ずっとかんがえつづけていました。

「本当の〝強さ〟っていうんは……、ぼくら人間のなかにある〝やさしさ〟なんかもしれへんなあ」

ポツンと大成《たいせい》先生がいうと、龍策《りゅうさく》先生が首を大きくたてにふりました。

「その言葉に大さんせい！　ぼくのおくさんね……、ユズとカボスにミルクあげてるとき、ねるのもわすれてるんかって思うくらい、そりゃ必死で世話してて……。そばでみててこわいくらいやった。そのとき思ったことは、この人、強い人やなあ。ほんまに強い人やなあって感心……いや、そんけいした！」

「やさしさは、どんなぶきより、教科書より、強し！　か」

大成《たいせい》先生が、空っぽになった湯飲み茶わんの底を見つめて、ひとり言のようにいいました。

龍策《りゅうさく》先生のウナギ弁当《べんとう》はあと一口ほど残っています。

「大成《たいせい》先生、お昼、ごちそうさま！」

そういいながら、龍策《りゅうさく》先生がはしで、最後のウナギをつまみ上げたとたん。

テーブルの上にあった龍策《りゅうさく》先生のスマートフォンの着信音が鳴りひびきました。

「なんや、また電話か。お昼ご飯くらいゆっくり食べさせてや」

番号をみると、「おおさかワンニャンセンター」からのようです。

「もしもし」

それをみていた大成《たいせい》先生は「きたな」と思いました。

またあたらしい命のバトンが龍策《りゅうさく》先生の病院に届けられそうです。

子ねこがなんびきやってきても、その子の命はたったひとつ。

どの命も、龍策《りゅうさく》先生や大成《たいせい》先生にとっては、ぜったいに守らなければならない命なのです。

できる人が、できることを、すこしずつ――からはじまった、子ねこリレー大作戦。

龍策《りゅうさく》先生は、苦笑いしながら大急ぎで最後のウナギとご飯を、口いっぱいにほおばりました。

ねこたちの「こいの季節」がおわるまで、今年もみんなであともうひとふんばり。

大成《たいせい》先生はいま、仙台《せんだい》で出会った車いすの女性《じょせい》やボランティアさんの〝やさしさ〟に、心から「ありがとう」のきもちでいっぱいでした。

（おわり）

子ねこリレーで譲渡《じょうと》されたねこたち

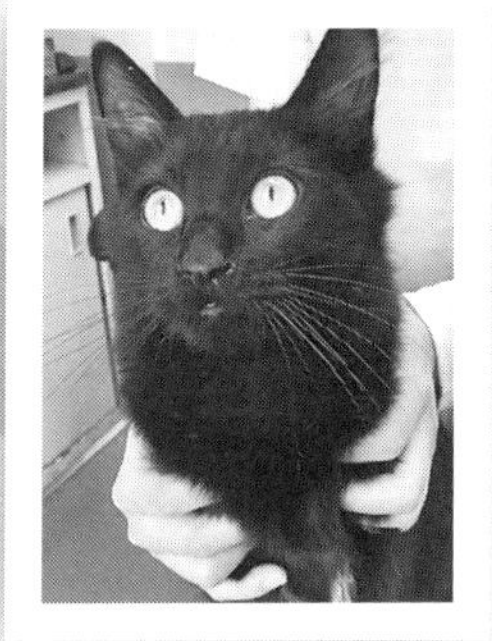

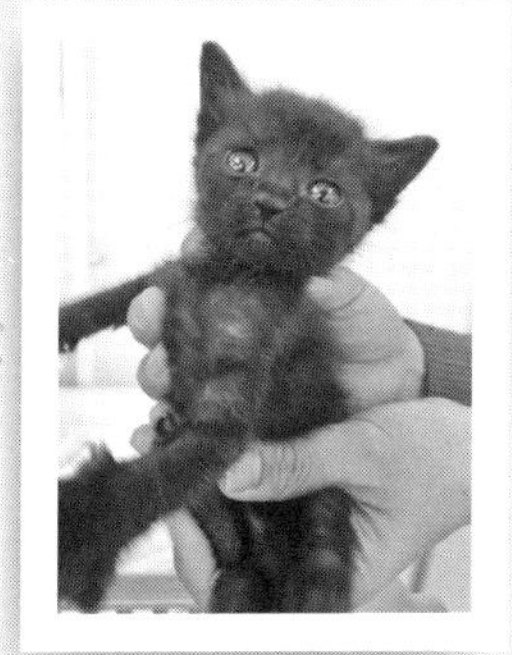

ただいま飼《か》い主《ぬし》募集中のねこにあえる場所

〒537-0025　大阪市東成区中道 3-8-21　ペピイ・ハッピープレイス TAMATSUKURI 1F　ペピイカフェ内　猫のロンパールーム

あとがきにかえて

大学時代からの友人である吉内龍策《よしうちりゅうさく》先生をはじめ、大阪市獣医師会《おおさかしじゅういしかい》の仲間や、そのほか多くの人たちの協力を得て取り組んでいる「子ねこリレー事業」のことを、子ども向きの読み物にしたいという話をもらったときは、飛び上がるくらいうれしいきもちでした。でも、完成した原稿《げんこう》を読んだいまは、それ以上のよろこびを感じています。

この本を読んでくれたひとりでも多くの子どもたちが、「子ねこリレー」を自分が住んでいる町でもやりたいと思ってくれて、大人たちと協力してこの取り組みをはじめてくれたら、と願います。そうすれば、親がいなくてさびしく死んでいく子ねこたちがへり、多くの子ねこが幸せな一生を送ることができるようになるのです。

それだけではありません。「子ねこリレー」にかかわる人たちみんなが、とてもハッピーな気分になれるのです。この取り組みをずっと身近にみていると、まさに命をつなぐ「幸せの大作戦」だなあと思うのです。

わたしは、２０１１年3月11日に発生した東日本大震災《ひがしにほんだいしんさい》のあと、その年は１カ月に２〜３度、２年目以降《いこう》は１カ月に１〜２度のペースで、東北《とうほく》地方（とくに宮城県仙台市《みやぎけんせんだいし》と福島県《ふくしまけん》）に通いました。この7年間で、合計１００回以上通っています。

つなみの被害《ひがい》で住む場所を失い、わんちゃんやねこちゃんといっしょにくらせない人びと。原発事故《じこ》で長年住んでいた町や村にいまだに帰れない人びと。人が住めなくなった町や村で、食べるものももらえずに死んでいった牛やぶたやにわとりたち。飼《か》い主《ぬし》さんとはなればなれになってしまったわんちゃんやねこちゃんたち。そのわんちゃんやねこちゃんたちをほごして世話をする人たちなど、多くの人や動物に出会いました。

そして、さまざまな分野で活躍《かつやく》している獣医《じゅうい》さんともたくさん出会い、心から信頼《しんらい》できる友だちもできました。

とくに災害《さいがい》時に設置《せっち》される動物救護《きゅうご》センターで、ほかの職員《しょくいん》さんやボランティアさんとともに、１００ぴき以上のわんちゃんやねこちゃんたちの健康と衛生面《えいせいめん》を管理《かんり》する獣医《じゅうい》さんたちのがんばりには、動物たちへの深い愛情《あいじょう》を感じました。

また、仙台市《せんだいし》動物管理《かんり》センターでの下半身に障《しょう》がいがあるご婦人《ふじん》との出会いはわすれられないものになりました。ご自身も被災《ひさい》されているにもかかわらず、子ねこのミルクボランティアをつづけられているそのすがたは、あたたかく、ステキでした。

わたしの息子が、いまいっしょにくらしている「シラス」というねこは、原発事故《じこ》で人が住めなくなった富岡町《とみおかまち》で取り残され、野生化しているところをほごされました。最初は、人をけいかいしてなかなか息子にもなつきませんでしたが、いまではベタベタのあまえんぼうのねこちゃんになっています。

むすめの方は、「子ねこリレー」の動物病院で育った、「おねえちゃん」と「いもうと」という名の子ねこを2ひき引き取り、育てています。すこし成長がおそかった子ねこたちでしたが、よく育ち、とても人なつっこくなり「おねえね」「おいもちゃん」とよばれて幸せにくらしています。

この本を読んでくれたみなさんに、天からさずかった小さな「命」を、みんなですこしずつ助け合ってつないでいくことが、ねこちゃんばかりではなく、周りのみんなも幸せにするということを感じとってもらえれば幸いです。

２０１８年12月

公益社団法人 大阪市獣医師会 相談役　細井戸大成《ほそいどたいせい》

福島の原発事故《じこ》で取り残されていたねこのシラス。いまは元気に幸せにくらしています

今西乃子（いまにし・のりこ）

児童文学作家
児童書のノンフィクションを中心に執筆活動をしている。
著書『ドッグ・シェルター』（金の星社）で、第36回日本児童文学者協会新人賞を受賞。執筆の傍ら、愛犬・未来を同伴して小・中学校を中心に『命の授業』を展開。その数は2018年に200校を超える。主な著書に捨て犬・未来ものがたりシリーズ『命のバトンタッチ』『捨て犬・未来、天国へのメッセージ』『かがやけいのち！　みらいちゃん』（以上、岩崎書店）、『犬たちをおくる日』（金の星社）など多数。児童文学者協会会員。
http://www.noriyakko.com

浜田一男（はまだ・かずお）

写真家
東京写真専門学校（現ビジュアルアーツ）卒業。1990年、写真事務所を設立。

第21回日本広告写真家協会（APA）展入選。

『小さないのち　まほうをかけられた犬たち』（金の星社刊）ほか、企業PR及び雑誌・書籍の撮影を手掛ける。

数点の著書の写真から選んだ「小さな命の写真展」を各地で展開。

http://www.mirainoshippo.com

装丁・口絵　後藤葉子
イラスト　ももろ
取材協力　おざさ動物病院、ペピイ・ハッピープレイス TAMATSUKURI
写真提供　口絵 P8　吉田勇人さん
P5,8,29,67,69,99,105　南大阪動物医療センター
P135　細井戸大成さん

子ねこリレー大作戦

小さな命のバトンをつなげ！

2018年12月25日　第1刷発行
2022年 8月25日　第2刷発行

著　者　今西乃子
写　真　浜田一男
取材協力　公益社団法人大阪市獣医師会／南大阪動物医療センター

発行者　坂上美樹
発行所　合同出版株式会社
東京都小金井市関野町 1-6-10
郵便番号　184-0001
電話　042（401）2930
振替　00180-9-65422
ホームページ　https://www.godo-shuppan.co.jp/
印刷・製本　株式会社シナノ

■刊行図書リストを無料送呈いたします。
■落丁乱丁の際はお取り換えいたします。

ISBN978-4-7726-1364-4　NDC916　216 × 151